黄河流域农业
高质量发展评价

ASSESSMENT ON HIGH-QUALITY DEVELOPMENT LEVEL OF
AGRICULTURE IN HENAN PROVINCE OF YELLOW RIVER BASIN

以河南省为例

赵素霞　牛海鹏　樊良新　等　著

社会科学文献出版社
SOCIAL SCIENCES ACADEMIC PRESS (CHINA)

前　言

　　黄河是中华民族的母亲河，保护黄河是事关中华民族伟大复兴的千秋大计。在中国共产党第十九次全国代表大会上，习近平宣布"中国特色社会主义进入新时代，我国社会主要矛盾已经转化为人民日益增长的美好生活需要和不平衡不充分的发展之间的矛盾"，而我国发展不平衡不充分的问题在黄河流域表现得尤为突出。2019 年 9 月 18 日，习近平总书记在河南郑州主持召开黄河流域生态保护和高质量发展座谈会并发表重要讲话，这标志着黄河流域生态保护和高质量发展正式上升为国家重大战略。《中共中央　国务院关于实施乡村振兴战略的意见》明确提出，实施质量兴农战略，推动农业由增产导向转向提质导向。农业农村部等七部委联合发布的《国家质量兴农战略规划（2018—2022 年）》提出，到 2022 年，我国质量兴农制度框架基本建立。国家战略的叠加对黄河流域中下游河南省农业发展观念和发展方式的根本性转变提出了新的更高要求，以质量为导向已经成为黄河流域农业发展的必然选择。因此，推进河南省农业现代化和高质量发展，对全面建成小康社会、实现乡村振兴和第一个百年奋斗目标，乘势而上开启新时代河南省全面建设社会主义现代化新征程，具有重要的现实意义和深远的历史意义。

　　河南省位于黄河流域中下游，是传统的农业大省，作为我国粮仓，多年连续丰产，在保障国家粮食安全方面有着举足轻重的地位。2018 年末，河南省常住人口为 9605 万人，居全国第 3 位，仅次于广东省和山东省；农业生产总值达 7757.94 亿元，居全国第 2 位。近年来，河南省不断深化农业供给侧结构性改革，大力发展"四优四化"，农业生产在诸多方面取得明显成效，但仍存在生产经营方式粗放、龙头企业带动能力弱、农业发展质量效益不高、产业竞争力不强等多种问题。因此，如何推进农业高质量发展，提升农业创新力、竞争力，提高农业全要素生产率，从而顺利地实现传统农业大省向现代农业强省转变，已经成为目前亟待解决的问题。

本书在全面理解农业高质量发展内涵的基础上，构建了包含 5 个一级指标和 25 个二级指标的农业高质量发展水平评价指标体系，对河南省 2000～2018 年 18 个地市的农业基础水平、农业生产水平、农业竞争力水平、农业可持续发展水平和农业科技创新水平进行综合测度，并提出了加快河南省农业高质量发展的对策建议，为实现河南省农业高质量发展提供了科学依据和决策支持。

本书共七章，具体内容如下：第一章简要介绍了河南省概况、构建了河南省农业高质量发展水平评价指标体系并给出了评价方法（由牛海鹏执笔）；第二章对河南省农业基础水平进行了评价（由赵素霞执笔）；第三章对河南省农业生产水平进行了评价（由赵素霞执笔）；第四章对河南省农业竞争力水平进行了评价（由傅建春执笔）；第五章对河南省农业可持续发展水平进行了评价（由乔旭宁执笔）；第六章对河南省农业科技创新水平进行了评价（由樊良新执笔）；第七章对河南省农业高质量发展水平进行了综合评价（由赵素霞执笔）。最后为附录（由赵素霞、傅建春执笔）。

本项目研究和著作出版先后得到了河南省高校哲学社会科学智库研究项目（2021 - ZKYJ - 07）、河南省高校哲学社会科学优秀学者计划项目（2018 - YXXZ - 07）、河南省高校哲学社会科学创新团队支持计划（2021 - CXTD - 08）、河南理工大学哲学社会科学创新团队项目（CXTD2020 - 1）、河南省软科学研究计划项目（192400410076）和河南省高校哲学社会科学创新团队支持计划（2022 - CXTD - 02）等的资助。此外，在资料收集和研究过程中，范亚敏、王亚萱、时翠翠、王志刚、张强强和宋红艳等同学给予了我们无私的帮助，在此向他们一并表示衷心的感谢！

由于笔者学识水平有限，书中的缺点和错误在所难免，在此恳请各位同行和读者批评指正。

牛海鹏

河南理工大学

2021 年 4 月 7 日

目 录 CONTENTS

第一章　绪论

第一节　河南省概况

黄河流域是中国重要的生态屏障，同时还是中国重要的农业和能源原材料工业基地，黄河流经青海、四川、甘肃、宁夏、内蒙古、陕西、山西、河南、山东9个省级行政区。河南省位于黄河流域中下游，具体位于东经110°21′~116°39′、北纬31°23′~36°22′，处于第二阶梯向第三阶梯转变的过渡地带，地形以平原和盆地为主，地势西高东低，从西到东分布着山地、丘陵、平原和盆地，西部为山地和丘陵，中东部为黄淮海冲积平原，西南部为南阳盆地。河南省总面积为16.7万平方千米，占全国总面积的1.73%，居全国省区市总面积第17位，其中平原和盆地面积为9.3万平方千米，占全省面积的55.69%；山地面积为4.44万平方千米，占全省面积的26.59%；丘陵面积为2.96万平方千米，占全省面积的17.72%。这种西高东低的地势有利于东部的湿润气流到达内地，雨热条件较好，灌溉设施充足，为农产品生产创造了得天独厚的条件，是国家重要粮食产区。河南省区位如图1-1所示。

一　自然资源概况

1. 地貌与农业生产

河南省地势西高东低，地表形态复杂，北、西、南三面由太行山、伏牛山、桐柏山、大别山沿省界呈半环形分布，中东部为黄淮海冲积平原，西南部为南阳盆地。平原和盆地、山地、丘陵分别占总面积的55.7%、26.6%、17.7%，基本地形可分为豫北山地、豫西山地、豫南山地、南阳盆地、豫东平原五大区。豫北山地、豫西山地、豫南山地为河南的主要生

图 1 - 1　河南省区位

态屏障，东部辽阔的黄淮海平原是全国重要的粮食生产基地。

2. 气候与农业生产

河南省大部分地区地处暖温带，南部跨亚热带，属北亚热带向暖温带过渡的大陆性季风气候，还具有自东向西由平原向丘陵、山地气候过渡的特征，全年实际日照时数 2000～2600 小时，夏季最多，春季、秋季、冬季日照时数递减。具有四季分明、雨热同期、复杂多样等特点，全省年平均气温为 10.5℃（北）至 16.7℃（南），气候差异明显，有利于小麦、玉米、高粱、大豆、棉花、花生等多种农作物生长。黄河以北地区旱地多一年一熟或两年三熟，水浇地一年两熟，黄河以南地区水浇地、旱地均可一年两熟。

3. 水资源与农业生产

河南省多年平均水资源总量为 531 亿立方米，居全国第 19 位，人均水资源占有量和耕地亩均水资源占有量分别相当于全国的 1/5 和 1/6。水资源条件较差，水资源供给形势严峻，遇到枯水年份缺水严重。河南省地下水广泛分布于省内的平原和山区的河谷平原、山间盆地及黄土丘陵区，具有埋藏浅、补给快、储存条件好、富水性强、易于开采等特点，是目前河南省地下水资源开发利用的主要对象，而河南省的地表水资源不丰富，受降雨量影响较大，汛期流量占到全年的 60% ~ 80%，易发生洪涝灾害，春冬季地表径流大幅减少，又容易发生干旱灾害，因此，要获得粮食的稳定高产，必须提高防御自然灾害的能力。

4. 土壤与农业生产

河南省受暖温带、北亚热带季风气候影响，形成了地带性的褐土（暖温带）和黄棕壤（北亚热带），复杂的自然条件，气候、植被、地形、成土母质的不同以及人们对土地利用方式的差别，使土壤类型多样。根据土壤普查，河南省土壤有 17 个土类 42 个亚类 133 个土属 424 个土种。主要耕作土壤有黄棕壤、黄褐土、棕壤、褐土、潮土、砂姜黑土、水稻土等 7 个土类，合计面积占土壤总面积的 80% 以上。

不同土壤质地的面积分别占耕地面积的比例为：黏质 47.1%、沙质 19.9%、壤质 15.1%、沙壤质底层加胶泥 14.0%、砾质 3.9%。京广线以东，沙河、颍河以北的广大黄河、海河冲积平原是河南分布面积最大的潮土区，山丘区、较大河流的河滩地一般也是潮土分布区，局部地区还分布有砂姜黑土，风沙土、盐碱土等主要分布在黄河沿岸和黄河故道上以及黄河泛滥平原的洼地，沿淮河波状平原及河谷两侧有水稻土分布，以伏牛山主脉沿沙河至漯河，到汾泉河一带为分界线，以南为黄棕壤、黄褐土带，该线以北及京广线以西的低山丘陵和黄土丘陵分布着褐土、黄褐土。

二 社会经济状况[①]

1. 人口状况

河南省人口总量持续增加，城镇化率快速提升。2018 年河南省户籍人口为 10906 万人，常住人口为 9605 万人，城镇常住人口为 4967 万人，农业常住人口为 4638 万人，常住人口城镇化率为 51.71%。随着人口城镇化的进一步推进，中心城市承接和吸纳农村转移人口的趋势还将进一步强化，城市规模还将进一步扩张，建设用地需求还将进一步增加，耕地保护

---

① 本书资料来源为《河南统计年鉴》（2001 ~ 2019 年），其中农业用水量来自《河南省水资源公报》（2000 ~ 2018 年）。

形势日益严峻。

2. 经济状况

河南省经济总量持续增长，经济实力大幅度提升。2018 年全省生产总值为 48055.86 亿元，居全国第 5 位。人均生产总值为 50152 元，财政总收入为 5875.82 亿元，一般公共预算收入为 3763.94 亿元，固定资产投资比上年增长 8.1%。从各个产业发展的情况来看，河南省 2018 年第一、第二、第三产业增加值分别为 4289.38 亿元、22034.83 亿元、21731.65 亿元，三次产业对 GDP 的贡献率从 2000 年的 10.2%、62.6%、27.2% 变化为 2018 年的 4.4%、45.6%、50.0%，第二产业是河南省经济发展的中坚力量。近年来，第三产业发展迅速，随着经济步入新的阶段，河南省从一个农业大省慢慢向工业大省转变，经济结构逐步得到优化。

农业方面单位面积产量进一步提升，2018 年全省粮食播种面积为 1090.608 万公顷，比上年下降 0.905 万公顷，产量比上年增加 124.66 万吨。城乡居民收入继续增加，河南省居民人均可支配收入为 21963.54 元，居民人均消费支出为 15168.50 元。从经济数据可以看出，河南省经济在 2018 年整体趋势向好，各项经济指标增长平稳。

第二节　河南省农业高质量发展水平评价

一　河南省农业高质量发展水平评价指标体系构建

（一）评价指标体系的构建方法

本书通过德尔菲法（Delphi）确定评价指标，首先通过文献分析法确定预选评价指标；其次通过组织相关专业的权威专家，以问卷形式对备选指标进行打分，并进行概率估算，为保障充分发挥信息反馈和信息控制作用，将估算结果反馈给参与评估的专家，进行再咨询，使分散的评估意见逐渐收敛统一；最后集中在协调一致的结果上（张宇等，2019；齐亚曼，2019；谷洪波、吴闯，2019）。

（二）评价指标体系构建

基于以上研究方法，邀请土地管理、农田水利、农学、经济学和生态学等方面的 17 名专家，从农业基础水平、农业生产水平、农业竞争力水平、农业可持续发展水平和农业科技创新水平 5 个方面构建了河南省农业高质量发展水平评价指标体系（见表 1-1）。

表 1-1　河南省农业高质量发展水平评价指标体系

目标层	准则层	指标层（单位）	指标类型
农业高质量发展水平评价	农业基础水平评价 C_1	耕地面积 C_{11}（千公顷）	正指标
		第一产业就业人员 C_{12}（万人）	正指标
		农业机械总动力 C_{13}（万千瓦）	正指标
		有效灌溉系数 C_{14}	正指标
		农林牧渔业固定资产投资比重 C_{15}（%）	正指标
	农业生产水平评价 C_2	农业生产总值 C_{21}（亿元）	正指标
		财政支农支出 C_{22}（亿元）	正指标
		单位农业用地农业产值 C_{23}（万元/公顷）	正指标
		单位农业机械动力产值 C_{24}（万元/千瓦）	正指标
		农村居民家庭人均可支配收入 C_{25}（元）	正指标
		城乡居民收入水平比（农村居民 =1）C_{26}	负指标
	农业竞争力水平评价 C_3	粮食总产量 C_{31}（万吨）	正指标
		农作物播种面积 C_{32}（千公顷）	正指标
		第一产业增加值占地区生产总值比重 C_{33}（%）	正指标
		劳动生产率 C_{34}（万元/人）	正指标
		土地产出率 C_{35}（元/公顷）	正指标
		单位面积农业产值 C_{36}（元/公顷）	正指标
	农业可持续发展水平评价 C_4	农药施用强度 C_{41}（吨/万公顷）	负指标
		化肥施用强度 C_{42}（吨/万公顷）	负指标
		农用塑料薄膜使用强度 C_{43}（吨/万公顷）	负指标
		人均耕地面积 C_{44}（亩）	正指标
		单位水耗农业产值 C_{45}（元/米^3）	正指标
	农业科技创新水平评价 C_5	农业 R&D 经费 C_{51}（万元）	正指标
		农业 R&D 科技人员数 C_{52}（人年）	正指标
		农业科技研究机构数 C_{53}（个）	正指标

1. 农业基础水平评价

农业基础水平对农业发展产生重要的影响，本一级指标主要考核农业的现状基础条件，包括耕地面积、第一产业就业人员、农业机械总动力、有效灌溉系数、农林牧渔业固定资产投资比重 5 个二级指标。

（1）耕地面积 C_{11}

耕地面积是保障粮食安全的根本，一定数量的耕地面积是农业高质量发展的基础条件，是实现农业规模化经营的基础。

（2）第一产业就业人员 C_{12}

第一产业就业人员是指从事农业生产经营活动的人员，能够反映农业发展中劳动力投入情况，必要的第一产业就业人员是农业生产的基础。

（3）农业机械总动力 C_{13}

农业机械总动力用来反映农业机械化程度的高低，是农业劳动生产率和农业高质量发展的主要影响因素。

（4）有效灌溉系数 C_{14}

有效灌溉系数是反映我国耕地抗旱能力的一个重要指标，是衡量农业生产单位和地区水利化程度以及农业生产稳定程度的指标。

$$有效灌溉系数 = \frac{耕地有效灌溉面积}{耕地面积} \qquad (1-1)$$

（5）农林牧渔业固定资产投资比重 C_{15}

农林牧渔业固定资产投资比重是农业资本投入的主要体现，该指标集中体现了政府和农户对农业生产的重视程度，能够反映农业生产中的资本投入密度。农林牧渔业固定资产投资比重越高，表明农业经济发展水平越高；比重越低，则表明农业经济发展水平越低。

2. 农业生产水平评价

农业高质量发展的最终目标是提高农业生产效益、增加农民收入、缩小城乡收入差距。河南省是农业大省，农业人口比重大，城乡二元结构矛盾突出，缩小城乡收入差距是农业高质量发展必须解决的问题。该一级指标选取农业生产总值、财政支农支出、单位农业用地农业产值、单位农业机械动力产值、农村居民家庭人均可支配收入和城乡居民收入水平比作为测度指标。

（1）农业生产总值 C_{21}

农业生产总值反映农业生产的总体规模和总成果，是一定时期内农林牧渔业产品及其副产品的总和，是农业生产水平最重要的评价指标，本书用农林牧渔业总产值来表征农业生产总值。

（2）财政支农支出 C_{22}

财政支农支出反映政府对农业的重视程度，对农业经济的发展有重要的促进作用，对贫穷地区的促进作用更为明显。一般而言，财政支农支出越大，其对农业经济发展的促进作用越大；财政支农支出越小，其对农业经济发展的促进作用越小。

（3）单位农业用地农业产值 C_{23}

单位农业用地农业产值是衡量农业经济发展水平的一个重要指标，农业经济的发展在可耕地面积一定的情况下可通过单位面积产值的提高来体现。同等条件下单位面积产值越高，农业经济发展水平越高；单位面积产值越低，农业经济发展水平越低。

$$单位农业用地农业产值 = \frac{农业生产总值}{农作物播种面积} \qquad (1-2)$$

（4）单位农业机械动力产值 C_{24}

单位农业机械动力产值反映农业机械化水平的变化情况，直接影响农业生产效率，是现代农业建设的关键一环，机械化水平的提高会增加单位产值，推动农业经济的发展；反之，则会阻碍农业经济的发展。

$$单位农业机械动力产值 = \frac{农业生产总值}{农业机械总动力} \qquad (1-3)$$

（5）农村居民家庭人均可支配收入 C_{25}

农村居民家庭人均可支配收入主要反映地区农民收入情况，是农业经济发展水平高低的最直接反映。一般而言，农村居民家庭人均可支配收入越高，农业经济发展水平越高，反之则越低。

（6）城乡居民收入水平比 C_{26}

城乡居民收入水平比主要反映城乡收入差距，是城乡收入差距的整体代表。城乡居民收入水平比拉大，则会阻碍农业高质量发展。

$$城乡居民收入水平比 = \frac{城镇居民家庭人均可支配收入}{农村居民家庭人均可支配收入} \qquad (1-4)$$

3. 农业竞争力水平评价

农业竞争力水平是农业所表现出来的综合生产能力，河南省是农业大省，在农业方面具有一定的竞争优势（巩一飞，2018）。该一级指标选取粮食总产量、农作物播种面积、第一产业增加值占地区生产总值比重、劳动生产率、土地产出率和单位面积农业产值作为测度指标（魏素豪等，2020；刘磊，2019）。

（1）粮食总产量 C_{31}

粮食总产量主要反映地区粮食生产能力，地区粮食总产量越高，农业竞争力水平越高；地区粮食总产量越低，农业竞争力水平越低。

（2）农作物播种面积 C_{32}

农作物播种面积反映地区农作物生产情况，是衡量农业竞争力水平的重要指标之一，地区农作物播种面积越大，农业竞争力水平越高。

（3）第一产业增加值占地区生产总值比重 C_{33}

第一产业增加值占地区生产总值比重是地区第一产业综合能力以及这种能力在农业生产发展上的体现。

$$第一产业增加值占地区生产总值比重 = \frac{第一产业增加值}{地区生产总值} \tag{1-5}$$

（4）劳动生产率 C_{34}

农业劳动生产率水平的高低是衡量农业竞争力水平的重要指标之一，可以由单位农业劳动力创造的农业增加值来表征。

$$劳动生产率 = \frac{农业增加值}{第一产业就业人员} \tag{1-6}$$

（5）土地产出率 C_{35}

土地产出率反映单位面积的产出情况，可以由农业增加值与耕地面积之比来计算。该指标能够体现农业的综合生产能力，有利于人们了解农业高质量发展的建设成效。

$$土地产出率 = \frac{农业增加值}{耕地面积} \tag{1-7}$$

（6）单位面积农业产值 C_{36}

单位面积农业产值是衡量农业经济发展的重要指标，由农业生产总值与农作物播种面积之比来计算。

$$单位面积农业产值 = \frac{农业生产总值}{农作物播种面积} \tag{1-8}$$

4. 农业可持续发展水平评价

农业可持续发展水平决定着农业是否以可持续的方式来进行生产活动。通过降低资源环境成本，尽量减少农业生产对环境的破坏，从而维持并改善土地资源、水资源、生物资源等环境的现状，达到满足当代人的欲望和保护后代人的利益的统一。该一级指标选取农药施用强度、化肥施用强度、农用塑料薄膜使用强度、人均耕地面积、单位水耗农业产值作为测度指标（刘俊等，2020；杨枝茂，2019）。

（1）农药施用强度 C_{41}

农药施用过量会带来生产成本增加、农产品残留超标、农作物药害、环境污染等问题，直接威胁农业可持续发展（陈晓明等，2016）。因此，农药的科学施用是保障农业生产安全、农产品质量安全、生态环境安全和实现农业可持续发展的内在要求。

$$农药施用强度 = \frac{农药总施用量}{农作物播种面积} \qquad (1-9)$$

（2）化肥施用强度 C_{42}

化肥施用不当容易造成土壤污染、水污染，破坏农业生态环境。当前我国农业生产过程中存在化肥投入过度、利用率偏低的问题。因此，化肥施用强度成为衡量农业可持续发展水平的重要指标之一。

$$化肥施用强度 = \frac{化肥总施用量}{农作物播种面积} \qquad (1-10)$$

（3）农用塑料薄膜使用强度 C_{43}

农用塑料薄膜是继种子、化肥和农药之后的又一项重要生产资料，农用塑料薄膜可以起到增温、保水、防虫和防草等作用（马兆嵘等，2020），但目前使用的农用塑料薄膜绝大部分很难降解，残留在土壤中将影响土壤结构、阻碍种子发芽及植物根系生长，破坏土壤生态平衡，因此，农用塑料薄膜使用强度成为衡量农业可持续发展水平的重要指标之一。

$$农用塑料薄膜使用强度 = \frac{农用塑料薄膜使用量}{农作物播种面积} \qquad (1-11)$$

（4）人均耕地面积 C_{44}

耕地资源是农业生产乃至国民经济可持续发展的基础资源，人均耕地面积的扩大，有利于农户实行规模经营，有利于促进农业机械化，从而提高农业生产效率，人均耕地面积是衡量农业可持续发展水平的关键因素之一。

$$人均耕地面积 = \frac{耕地面积}{总人口} \tag{1-12}$$

（5）单位水耗农业产值 C_{45}

水资源是农业发展的前提和基础，只有对水资源进行合理的利用，才能够保障农业的发展。我国部分地区存在水资源短缺和浪费的现象，水资源的利用率很低。我国对于水资源的需求量越来越大，因此，采用单位水耗农业产值衡量农业可持续发展水平具有实际意义。

$$单位水耗农业产值 = \frac{农业生产总值}{农业用水量} \tag{1-13}$$

5. 农业科技创新水平评价

农业科技创新是确保国家粮食安全的支撑力量（陈振等，2018），依靠科技进步，实施创新驱动战略，促进农业质量、效益和竞争力不断提升是新时代农业供给侧结构性改革的重要任务（陈学云等，2019；程长明、陈学云，2020），也是农业高质量发展的不竭源泉和持续动力。该一级指标选取农业 R&D 经费、农业 R&D 科技人员数和农业科技研究机构数作为测度指标。

（1）农业 R&D 经费 C_{51}

R&D 经费指全社会研究与试验发展经费。R&D 经费投入量及投入结构是衡量一个国家或地区技术创新程度的重要标准。R&D 经费投入的规模通常体现了一个国家或地区在国际上的科技先进度和核心竞争力（张洪轩、苏姝羽，2020），但现有统计数据中没有农业 R&D 经费，且该数据涉及项目较多，无法通过调研获得。因此，本书在查阅相关文献（李兆亮等，2017；郭婧煜、樊帆，2020；邓灿辉等，2020）的基础上，采用式（1-14）进行衡量。

$$农业\ R\&D\ 经费 = R\&D\ 经费 \times \frac{农业生产总值}{生产总值} \tag{1-14}$$

（2）农业 R&D 科技人员数 C_{52}

科技活动人员指直接从事科技活动，以及专门从事科技活动管理和为科技活动提供直接服务的人员。科技人员数是衡量国家或区域整体研究与开发投入的一个重要指标。现有统计数据中没有从事农业 R&D 科技人员数，因此，本书在查阅相关文献的基础上，采用式（1－15）进行衡量。

$$农业 R\&D 科技人员数 = R\&D 人员全时当量 \times \frac{农业生产总值}{生产总值} \quad (1-15)$$

（3）农业科技研究机构数 C_{53}

考虑到数据的可得性，农业科技研究机构数采用总体 R&D 机构数据代替农业数据。

二 河南省农业高质量发展水平评价方法

（一）数据标准化处理

由于各个指标的定义不同，其量纲也不尽相同，因此需要对数据进行标准化处理，消除量纲的影响，化为纯量。本书用极差法将各指标 R_{ij} 进行无量纲化处理，使得数值大小在 [0，1]。本书采用线性无量纲方法，其表达式为：

$$正向指标：r_{ij} = \frac{R_{ij} - \min(R_{ij})}{\max(R_{ij}) - \min(R_{ij})} \quad (1-16)$$

$$负向指标：r_{ij} = \frac{\max(R_{ij}) - R_{ij}}{\max(R_{ij}) - \min(R_{ij})} \quad (1-17)$$

式中，r_{ij} 为第 j 个地市、第 i 项指标标准化后的值；R_{ij} 为第 j 个地市、第 i 项指标的原始值。

（二）评价指标权重确定

权重反映了评价指标的影响程度，确定权重是河南省农业高质量发展水平评价的一个关键问题，关系着评价结果的科学性和准确性。权重赋值主要有主观赋值法和客观赋值法，两者各有偏重、各有利弊。本书权衡利弊，采用主观赋值法，即德尔菲法确定各评价指标权重，具体流程如下。

1. 选择专家

根据专家应具有权威性、广泛性、代表性和熟悉农业高质量发展水平差异以及专家人数适当的原则，邀请了土地管理、农田水利、农学、生态学等方面的 17 名专家。

2. 专家征询和信息反馈

为了便于操作，本书采用百分制对各评价分级的因子进行赋值。第一轮评价因子权重的调查表收回后，进行统计处理，测算出专家对各评价因子赋值的平均值和方差，并向专家反馈结果，同时请专家根据结果所反映出的专家总体意见趋向和离散程度进行第二轮赋值（舒琳，2013）。

第二轮收回调查表后，也进行统计处理，测算出各因子赋值的平均值和方差，并对第一轮和第二轮的平均值和方差进行 χ^2 显著性检验，以检验两轮方差的离散程度是否具有显著性差异。如果两轮方差的检验量有显著性差异，则表示方差离散程度较大，还需进行第三轮专家征询；如果两轮方差的检验量没有显著性差异（即两轮方差具有显著整齐性），就说明方差离散程度较小，不需要再进行专家征询，即专家征询的次数到两轮之间方差无显著性差异时为止（见图 1 - 2）。

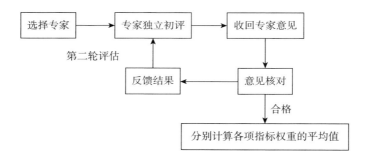

图 1 - 2　评价指标权重确定流程

经专家打分，最终确定河南省农业高质量发展水平评价指标的权重如表 1 - 2 所示。

表 1 - 2　河南省农业高质量发展水平评价指标权重

目标层	准则层	权重	指标层	权重
	农业基础水平评价 C_1	0.2	耕地面积 C_{11}	0.20
			第一产业就业人员 C_{12}	0.20
			农业机械总动力 C_{13}	0.20
			有效灌溉系数 C_{14}	0.20
			农林牧渔业固定资产投资比重 C_{15}	0.20

目标层	准则层	权重	指标层	权重
农业高质量 发展水平评价	农业生产 水平评价 C_2	0.2	农业生产总值 C_{21}	0.25
			财政支农支出 C_{22}	0.15
			单位农业用地农业产值 C_{23}	0.20
			单位农业机械动力产值 C_{24}	0.20
			农村居民家庭人均可支配收入 C_{25}	0.10
			城乡居民收入水平比（农村居民 = 1）C_{26}	0.10
	农业竞争力 水平评价 C_3	0.2	粮食总产量 C_{31}	0.20
			农作物播种面积 C_{32}	0.20
			第一产业增加值占地区生产总值比重 C_{33}	0.15
			劳动生产率 C_{34}	0.15
			土地产出率 C_{35}	0.15
			单位面积农业产值 C_{36}	0.15
	农业可持续发 展水平评价 C_4	0.2	农药施用强度 C_{41}	0.15
			化肥施用强度 C_{42}	0.20
			农用塑料薄膜使用强度 C_{43}	0.15
			人均耕地面积 C_{44}	0.25
			单位水耗农业产值 C_{45}	0.25
	农业科技创 新水平评价 C_5	0.2	农业 R&D 经费 C_{51}	0.34
			农业 R&D 科技人员数 C_{52}	0.33
			农业科技研究机构数 C_{53}	0.33

（三）评价模型构建

本书采用综合指数模型对河南省农业高质量发展水平进行综合评价，该评价模型的特点是直观，计算结果能反映评价因素总体特征，计算公式如下：

$$C_i = \sum_{j=1}^{n} \omega_i r_{ij} \qquad (1-18)$$

其中，C_i 为农业高质量发展水平指数，ω_i 为指标权重。

第二章 农业基础水平评价

自然资源作为一种重要的生产要素，是区域经济增长的物质基础，农业自然资源是农业生产的物质基础，农业生产的基础条件与区域农业经济的发展关系密切。一般情况下，农业生产的基础条件越好，区域农业经济发展越快，农业产值越高。

第一节　河南省农业基础水平影响因素分析

一　耕地面积

河南省是全国粮食大省，作为我国 13 个粮食主产区之一，承担着保障国家粮食安全的重要任务，也是国家确定的粮食生产核心区。为严格保护耕地，夯实粮食生产基础，近年来，河南省大力开展田、水、路、林、村综合整治，有效提升了耕地质量和增加了粮食播种面积，不仅解决了全省约 1 亿人口的吃饭问题，而且为保障国家粮食安全和重要农产品供给做出了突出贡献。2018 年河南省耕地面积为 815.829 万公顷，占河南省总面积的 49.25%。

1. 耕地面积现状分析

河南省耕地集中分布在黄淮海平原、南阳盆地及豫西黄土丘陵区。2018 年，在全省 18 个地市中，南阳市耕地面积最多，为 105.584 万公顷，占全省耕地面积的 12.94%，占该市土地总面积的 39.83%；其次是驻马店市，耕地面积为 95.216 万公顷，占全省耕地面积的 11.67%，占该市土地总面积的 63.11%；居第 3 位的是周口市，耕地面积为 85.886 万公顷，占全省耕地面积的 10.53%，占该市土地总面积的 71.80%。耕地面积最少的是济源市，仅有 4.605 万公顷，仅占全省耕地面积的 0.56%，占该市土地总面积的 24.25%（见表 2 - 1）。

  耕地面积占本市土地总面积比例最大的是周口市，比例为 71.80%；其次是漯河市和许昌市，比例分别为 70.66% 和 67.87%。耕地面积占本市土地总面积比例最小的是三门峡市，比例为 18.09%；其次是济源市和洛阳市，比例分别为 24.25% 和 28.51%（见表2 - 1）。耕地面积占本市土地总面积比例较低的地市，如三门峡市、济源市、洛阳市所处地貌以山地、丘陵为主。

表 2 - 1　2018 年河南省各地市耕地面积及占比

单位：千公顷，%

地市	耕地面积	市域总面积	耕地面积占市域总面积比例	耕地面积占全省耕地面积比例
郑州市	314.14	756.72	41.51	3.85
开封市	418.04	624.02	66.99	5.12
洛阳市	434.44	1523.58	28.51	5.33
平顶山市	322.47	791.01	40.77	3.95
安阳市	408.74	735.15	55.60	5.01
鹤壁市	119.67	214.04	55.91	1.47
新乡市	475.66	829.09	57.37	5.83
焦作市	196.69	397.26	49.51	2.41
濮阳市	281.22	427.12	65.84	3.45
许昌市	337.89	497.88	67.87	4.14
漯河市	190.24	269.24	70.66	2.33
三门峡市	179.72	993.57	18.09	2.20
南阳市	1055.84	2651.15	39.83	12.94
商丘市	716.30	1070.36	66.92	8.78
信阳市	850.16	1891.56	44.94	10.42
周口市	858.86	1196.10	71.80	10.53
驻马店市	952.16	1508.63	63.11	11.67
济源市	46.05	189.87	24.25	0.56

注：1 公顷 = 15 亩。

2. 时序特征分析

  河南省是我国粮食生产核心区域，而耕地是满足人类粮食需求的物质再生产活动的载体。2018 年，河南省耕地面积为 815.829 万公顷，占全省土地总面积的 49.25%，人均耕地面积为 1.12 亩，低于全国 1.44 亩的人均耕地面积水平。

由表 2 - 2 可以看出，2000～2002 年河南省耕地面积由 687.525 万公顷增加到 726.280 万公顷，增加了 5.64%。2003～2008 年耕地面积变化比较稳定，维持在 720.000 万公顷左右，此阶段耕地面积增加主要是因为国家提出了耕地占补平衡政策，该政策的实施有效抑制了耕地面积减少的趋势，各级政府进行土地开发、复垦和农业结构调整等，耕地面积有了一定的回升。2009～2018 年耕地面积维持在 810.000 万～820.000 万公顷，耕地面积总体呈缓慢减少的趋势，但总体保持平稳。这主要是因为河南省作为农业大省制定了更为严格的耕地保护政策，在一定程度上抑制了耕地面积的减少，再加上粮食补贴等惠农政策调动了农民的生产积极性，提高了农民保护耕地的意识。

表 2 - 2　2000～2018 年河南省耕地面积及人均耕地面积

年份	耕地面积（千公顷）	人口（万人）	人均耕地面积（亩）
2000	6875.25	9488	1.09
2001	6907.30	9555	1.08
2002	7262.80	9613	1.13
2003	7187.20	9667	1.12
2004	7177.50	9717	1.11
2005	7201.20	9768	1.11
2006	7202.40	9820	1.10
2007	7201.90	9869	1.09
2008	7202.20	9918	1.09
2009	8192.00	9967	1.23
2010	8177.50	10437	1.18
2011	8161.90	10489	1.17
2012	8156.80	10543	1.16
2013	8140.70	10601	1.15
2014	8126.10	10662	1.14
2015	8105.90	10722	1.13
2016	8111.00	10788	1.13
2017	8112.28	10853	1.12
2018	8158.29	10906	1.12

为清晰地分析河南省耕地面积及人均耕地面积历史发展趋势，笔者绘

制了2000～2018年河南省耕地面积和人均耕面积变化趋势图，鉴于第二次全国土地调查对耕地面积数据统计的方法和标准发生了变化，因此，河南省耕地面积和人均耕地面积从2000～2008年和2009～2018年两个阶段来分析。

随着人口数量的增加、耕地面积总量的减少，河南省人均耕地面积在2000～2008年和2009～2018年两个阶段总体呈现减少的趋势。从图2-1可以看出，河南省人均耕地面积的变化特征与耕地面积基本一致，但其波动下降趋势较耕地面积更为明显。人均耕地面积在2009～2018年下降比较明显，从1.23亩下降到1.12亩，减少了0.11亩。人均耕地面积总体在减少，未来耕地承载的人口问题将是我国经济社会可持续发展的基本问题。

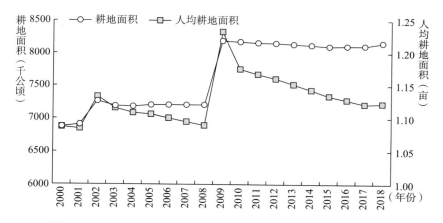

图2-1　2000～2018年河南省耕地面积和人均耕地面积变化趋势

注：2000～2008年耕地面积数据为第一次全国土地调查数据，2009～2018年耕地面积数据为第二次全国土地调查数据。

3. 空间特征分析

从表2-2可以看出，2000～2008年，河南省耕地面积呈略增态势，共计增加32.695万公顷。其中，南阳市、周口市、信阳市、商丘市、安阳市和开封市增加较多，分别增加6.738万公顷、5.230万公顷、5.070万公顷、4.202万公顷、3.096万公顷和3.016万公顷；洛阳市、鹤壁市和济源市呈减少态势，分别减少3.214万公顷、0.337万公顷和0.032万公顷（见图2-2）。

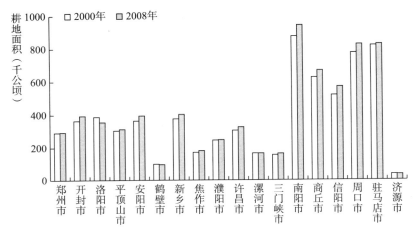

图 2 - 2 2000 年和 2008 年河南省各地市耕地面积对比

从表 2 - 2 可以看出，2009 ~ 2018 年河南省耕地面积呈略减态势，共计减少 3.371 万公顷。开封市、新乡市、焦作市、三门峡市、商丘市、信阳市的耕地面积总体上呈增加态势，其中信阳市的耕地面积增加最多，为 1.041 万公顷，其次是商丘市和三门峡市，分别增加 0.726 万公顷和 0.216 万公顷；其他地市则呈减少态势，其中郑州市的耕地面积减少最多，为 2.637 万公顷（见图 2 - 3）。从各地市耕地面积 2009 ~ 2018 年变动情况分析，河南省 18 个地市的耕地面积变化趋势不一，呈多种类型：一是呈逐年减少态势，如郑州市；二是呈震荡增加态势，如开封市、新乡市、焦作

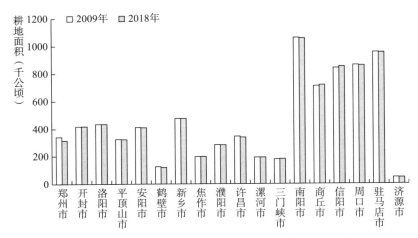

图 2 - 3 2009 年和 2018 年河南省各地市耕地面积对比

市、三门峡市、商丘市、信阳市；三是呈震荡减少态势，如洛阳市、平顶山市、安阳市、鹤壁市、濮阳市、许昌市、漯河市、南阳市、周口市、驻马店市、济源市。

就区域而言，河南省豫南地区 2018 年耕地面积较 2000 年增长量最大，增加 64.615 万公顷，增长率为 29.21%；其次是豫北和豫东地区，分别增加 23.626 万公顷和 23.088 万公顷，增长率分别为 18.29% 和 13.10%；豫中和豫西地区增加较少，分别增加 9.705 万公顷和 7.117 万公顷，增长率分别为 9.09% 和 13.11%（见表 2-3）。

表 2-3　2000 年和 2018 年河南省各地市耕地面积比较

单位：千公顷，%

地区	地市	耕地面积		变化情况	
		2000 年	2018 年	增长量	增长率
豫北地区	安阳市	363.64	408.74	45.10	12.40
	新乡市	375.63	475.66	100.03	26.63
	焦作市	171.92	196.69	24.77	14.41
	濮阳市	245.93	281.22	35.29	14.35
	鹤壁市	99.53	119.67	20.14	20.24
	济源市	35.12	46.05	10.93	31.12
	小计	1291.77	1528.03	236.26	18.29
豫中地区	郑州市	292.08	314.14	22.06	7.55
	漯河市	165.64	190.24	24.60	14.85
	许昌市	305.40	337.89	32.49	10.64
	平顶山市	304.57	322.47	17.90	5.88
	小计	1067.69	1164.74	97.05	9.09
豫东地区	开封市	363.84	418.04	54.20	14.90
	商丘市	624.58	716.30	91.72	14.69
	周口市	773.90	858.86	84.96	10.98
	小计	1762.32	1993.20	230.88	13.10
豫西地区	洛阳市	387.71	434.44	46.73	12.05
	三门峡市	155.28	179.72	24.44	15.74
	小计	542.99	614.16	71.17	13.11

地区	地市	耕地面积		变化情况	
		2000 年	2018 年	增长量	增长率
豫南地区	南阳市	874.42	1055.84	181.42	20.75
	驻马店市	819.39	952.16	132.77	16.20
	信阳市	518.20	850.16	331.96	64.06
	小计	2212.01	2858.16	646.15	29.21

二　第一产业就业人员

随着国家经济的不断发展，河南省的农业快速发展，为促进其经济发展、提高人民生活水平等做出了突出贡献。但是随着产业结构不断调整和工业化、城镇化进程不断加快，第二、第三产业对经济的拉动作用逐渐大于第一产业，第一产业就业人员在急剧减少，而产业从业人员是产业发展的基础和前提（王雅琪，2019）。因此，为了保障农业生产和粮食安全、加快农业高质量发展等，需要在产业结构调整过程中保证必要的农业就业人数。

1. 第一产业就业人员现状分析

2018 年，河南省各地市第一产业就业人员分布差异较大，在全省 18 个地市中，南阳市的第一产业就业人员最多，为 321.69 万人，占全省第一产业就业人员的 12.85%，占该市总就业人员的 45.88%；其次是周口市，第一产业就业人员为 305.27 万人，占全省第一产业就业人员的 12.19%，占该市总就业人员的 44.44%；居第 3 位的是驻马店市，第一产业就业人员为 232.49 万人，占全省第一产业就业人员的 9.29%，占该市总就业人员的 38.95%。第一产业就业人员最少的是济源市，仅有 13.78 万人，占全省第一产业就业人员的 0.55%（见表 2-4）。

第一产业就业人员占总就业人员比例最大的地市是平顶山市，比例为 46.81%；其次是南阳市和周口市，比例分别为 45.88% 和 44.44%。第一产业就业人员占总就业人员比例最低的地市是郑州市，比例为 14.68%；其次是济源市和焦作市，比例分别为 29.64% 和 29.33%（见表 2-4）。

表 2 - 4　2018 年河南省各地市第一产业就业人员及占比

单位：万人，%

地市	第一产业就业人员	总就业人员	第一产业就业人员占总就业人员比例	第一产业就业人员占全省第一产业就业人员比例
郑州市	91.45	622.90	14.68	3.65
开封市	131.42	320.17	41.05	5.25
洛阳市	153.92	448.61	34.31	6.15
平顶山市	153.50	327.90	46.81	6.13
安阳市	113.96	360.09	31.65	4.55
鹤壁市	31.23	102.79	30.38	1.25
新乡市	117.98	357.76	32.98	4.71
焦作市	69.95	238.46	29.33	2.79
濮阳市	98.46	248.31	39.65	3.93
许昌市	107.00	292.91	36.53	4.27
漯河市	72.99	177.55	41.11	2.92
三门峡市	61.99	141.71	43.74	2.48
南阳市	321.69	701.08	45.88	12.85
商丘市	202.75	570.01	35.57	8.10
信阳市	223.79	503.99	44.40	8.94
周口市	305.27	686.85	44.44	12.19
驻马店市	232.49	596.92	38.95	9.29
济源市	13.78	46.49	29.64	0.55

注：本书中部分数据存在各地市之和与河南省数据不相等的情况，这主要是由于《河南统计年鉴》中数据存在误差。因为最终评价是按各地市的变化趋势进行的，这种情况不影响最终评价结果，为与《河南统计年鉴》保持一致，本书保留原数据。另外，为使表中第一产业就业人员占全省第一产业就业人员比例之和等于100%，全省数据为18个地市数据之和，其余指标同理。

2. 时序特征分析

由图 2 - 4 可以看出，自 2000 年以来，河南省第一产业就业人员总体数量呈下降趋势，2000 年河南省第一产业就业人员总数为 3564.00 万人，到 2013 年第一产业就业人员减少了 1001.40 万人，下降了 28.10%。2013年过后，2014 年第一产业就业人员有所回升，较 2013 年增长了 3.48%，但是 2014 年过后河南省第一产业就业人员又一次呈现下降的趋势，到2018 年河南省第一产业就业人员下降到 2366.00 万人，较 2000 年减少了1198 万人，下降了 33.61%。

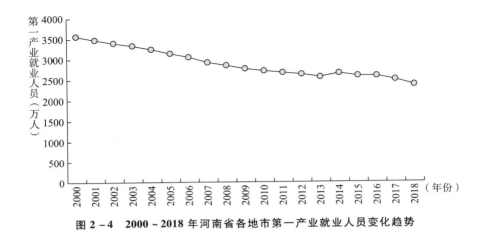

图 2-4　2000~2018 年河南省各地市第一产业就业人员变化趋势

3. 空间特征分析

由图 2-5 可以看出，2000~2018 年河南省各地市第一产业就业人员总体呈现不同程度的减少，其中 2000~2009 年降幅较大，2009 年之后逐步趋于稳定，有小幅下降。

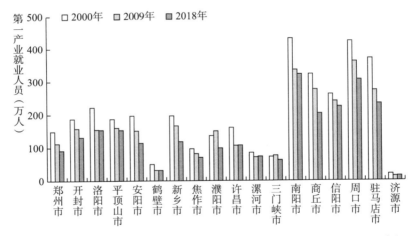

图 2-5　2000 年、2009 年和 2018 年河南省各地市第一产业就业人员对比

就减量而言，减量超过 100 万人的地市有驻马店市、商丘市、周口市和南阳市，分别为 137.09 万人、119.07 万人、117.86 万人和 110.25 万人。就降幅而言，降幅超过 30% 的地市有郑州市、洛阳市、安阳市、鹤壁市、新乡市、许昌市、商丘市、驻马店市和济源市，降幅较小的地市有漯河市、三门峡市和信阳市，分别为 13.57%、14.09% 和 14.10%（见表 2-5）。

就区域而言，河南省豫东地区 2018 年第一产业就业人员较 2000 年减少最多，减少 292.60 万人，降幅为 31.39%；其次是豫南和豫北地区，分别减少 284.07 万人和 249.69 万人，降幅分别为 26.75% 和 35.92%；豫中和豫西地区减少较少，分别减少 156.45 万人和 77.75 万人，降幅分别为 26.91% 和 26.48%（见表 2-5）。

表 2-5　2000 年和 2018 年河南省各地市第一产业就业人员比较

单位：万人，%

地区	地市	第一产业就业人员		变化情况	
		2000 年	2018 年	增长量	增长率
豫北地区	安阳市	196.63	113.96	-82.67	-42.04
	新乡市	196.51	117.98	-78.53	-39.96
	焦作市	96.32	69.95	-26.37	-27.38
	濮阳市	136.20	98.46	-37.74	-27.71
	鹤壁市	49.32	31.23	-18.09	-36.68
	济源市	20.07	13.78	-6.29	-31.34
	小计	695.05	445.36	-249.69	-35.92
豫中地区	郑州市	149.38	91.45	-57.93	-38.78
	漯河市	84.45	72.99	-11.46	-13.57
	许昌市	160.74	107.00	-53.74	-33.43
	平顶山市	186.82	153.50	-33.32	-17.84
	小计	581.39	424.94	-156.45	-26.91
豫东地区	开封市	187.09	131.42	-55.67	-29.76
	商丘市	321.82	202.75	-119.07	-37.00
	周口市	423.13	305.27	-117.86	-27.85
	小计	932.04	639.44	-292.60	-31.39
豫西地区	洛阳市	221.50	153.92	-67.58	-30.51
	三门峡市	72.16	61.99	-10.17	-14.09
	小计	293.66	215.91	-77.75	-26.48
豫南地区	南阳市	431.94	321.69	-110.25	-25.52
	驻马店市	369.58	232.49	-137.09	-37.09
	信阳市	260.52	223.79	-36.73	-14.10
	小计	1062.04	777.97	-284.07	-26.75

三　农业机械总动力

农业机械是现代农业发展的基础，农业机械化是实现农业现代化的标志。在粮食生产过程中，机械化生产水平对于粮食生产质量和数量都有重要影响。在农业生产过程中，大量使用机械设备能够提高生产力水平，还能够加速推动现代化的实现，并且对于改变传统生产方式和使用现代化先进生产设备有重要作用。目前我国已经基本实现了农业生产全程使用机械设备，在当前实际生产过程中大量使用新技术和新设备使得我国农业机械化进入了新的发展阶段。河南省的人均耕地面积较小，给购置和运用大型农业生产设备带来了一定的阻碍。全省玉米和小麦生产机械化程度相对较高，其中小麦生产机械化程度最高，已经基本实现了全程机械化，玉米基本实现了机收（张欣婧，2019）。

1. 农业机械总动力现状分析

2018 年，河南省农业机械总动力为 10204.46 万千瓦，在全省 18 个地市中，南阳市的农业机械总动力最多，为 1434 万千瓦，占全省农业机械总动力的 14.05%；其次是驻马店市，农业机械总动力为 1379 万千瓦，占全省农业机械总动力的 13.51%；居第 3 位的是周口市，农业机械总动力为 962 万千瓦，占全省农业机械总动力的 9.43%。农业机械总动力最少的地市是济源市，仅有 74 万千瓦，占全省农业机械总动力的 0.73%（见图 2-6）。

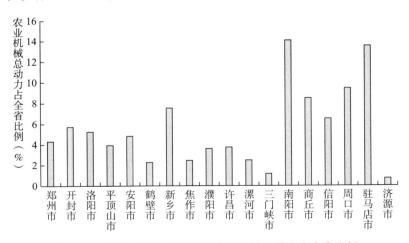

图 2-6　2018 年河南省各地市农业机械总动力占全省比例

2. 时序特征分析

由图2-7可以看出，河南省农业机械总动力呈分阶段的发展模式，2000～2015年农业机械总动力不断增加，2015年达到最高值，为11710.08万千瓦，相比2000年增加了1倍多。2016年农业机械总动力大幅下降到9858.82万千瓦，相比2015年降低了15.81%，随后又有所提升，至2018年河南省农业机械总动力达到10204.46万千瓦。

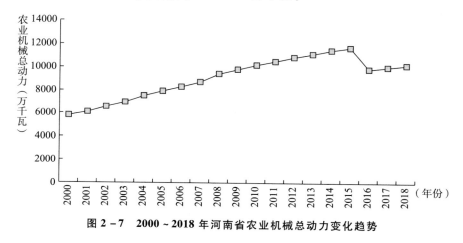

图2-7 2000～2018年河南省农业机械总动力变化趋势

3. 空间特征分析

由图2-8可以看出，2000～2018年河南省各地市农业机械总动力变化趋势与全省变化趋势基本保持一致，2000～2015年各地市农业机械总动力不断增加，2016年农业机械总动力大幅下降，随后又有所提升。

2000～2018年河南省18个地市中农业机械总动力增加的有16个地市。就增量而言，增量较大的地市有南阳市、驻马店市、信阳市和周口市，分别为1079.76万千瓦、866.11万千瓦、402.48万千瓦和301.41万千瓦；增量较小的地市有郑州市、安阳市、鹤壁市、漯河市和济源市，均不超过100万千瓦。就增幅而言，增幅超过100%的地市有南阳市、驻马店市、信阳市和平顶山市，分别为304.81%、168.87%、153.90%和130.31%，其中南阳市增幅最大，2018年是2000年的4倍多；增幅较小的地市有郑州市和安阳市，分别为22.66%和22.48%，其余地市的增幅均超过40%。相比2000年，2018年焦作市和三门峡市农业机械总动力分别减少了60.10万千瓦和5.92万千瓦，降幅分别为19.32%和4.74%（见表2-6）。

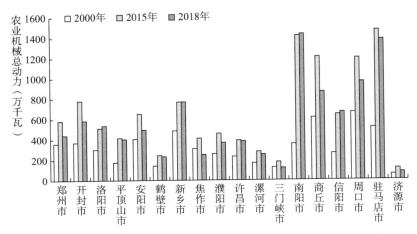

图 2 - 8　2000 年、2015 年和 2018 年河南省各地市农业机械总动力对比

就区域而言，河南省豫南地区 2018 年农业机械总动力较 2000 年增加最多，增加了 2348.35 万千瓦，增幅为 208.07%；其次是豫东、豫中和豫北地区，分别增加 769.78 万千瓦、544.18 万千瓦和 535.65 万千瓦，增幅分别为 46.90%、58.21% 和 32.48%；豫西地区增加最少，增加了 277.46 万千瓦，增幅为 53.33%（见表 2 - 6）。

表 2 - 6　2000 年和 2018 年河南省各地市农业机械总动力比较

单位：万千瓦，%

地区	地市	农业机械总动力		变化情况	
		2000 年	2018 年	增长量	增长率
豫北地区	安阳市	402.52	493.00	90.48	22.48
	新乡市	483.49	768.00	284.51	58.85
	焦作市	311.10	251.00	- 60.10	- 19.32
	濮阳市	259.06	368.00	108.94	42.05
	鹤壁市	140.46	231.00	90.54	64.46
	济源市	52.72	74.00	21.28	40.36
	小计	1649.35	2185.00	535.65	32.48
豫中地区	郑州市	359.52	441.00	81.48	22.66
	漯河市	167.70	253.00	85.30	50.86
	许昌市	233.05	383.00	149.95	64.34

地区	地市	农业机械总动力		变化情况	
		2000 年	2018 年	增长量	增长率
豫中地区	平顶山市	174.55	402.00	227.45	130.31
	小计	934.82	1479.00	544.18	58.21
豫东地区	开封市	369.98	584.00	214.02	57.85
	商丘市	610.65	865.00	254.35	41.65
	周口市	660.59	962.00	301.41	45.63
	小计	1641.22	2411.00	769.78	46.90
豫西地区	洛阳市	301.62	535.00	233.38	77.38
	三门峡市	124.92	119.00	-5.92	-4.74
	小计	426.54	654.00	227.46	53.33
豫南地区	南阳市	354.24	1434.00	1079.76	304.81
	驻马店市	512.89	1379.00	866.11	168.87
	信阳市	261.52	664.00	402.48	153.90
	小计	1128.65	3477.00	2348.35	208.07

四 有效灌溉系数

在耕地总量不断减少的情况下提高我国的耕地质量是提高粮食产能的关键，而对耕地进行有效灌溉是提升耕地质量最重要的途径之一。根据水利部 20 世纪 80 年代初对全国灌溉农田和非灌溉农田粮食产量的调查，灌溉农田的粮食产量要比非灌溉农田的粮食产量高出 1~3 倍，地区越是干旱，灌溉对耕地的产量增加幅度越大，通过有效灌溉所增加的产量能够占到总增加产量的 40% 左右（汤庆新等，2019）。因此，耕地有效灌溉对保障我国粮食产量、缓和人地矛盾发挥着极为重要的作用。

1. 有效灌溉系数现状分析

2018 年，河南省耕地有效灌溉面积为 528.869 万公顷，有效灌溉系数为 0.65。在全省 18 个地市中，焦作市的有效灌溉系数最大，为 0.88；其次是商丘市，有效灌溉系数为 0.83；居第 3 位的是濮阳市，有效灌溉系数为 0.81。其他高于河南省有效灌溉系数的地市有开封市、新乡市、鹤壁市、安阳市、漯河市、许昌市和周口市。有效灌溉系数最少的地市是三门峡市，仅为 0.31（见表 2-7）。

表 2 - 7　2018 年河南省各地市有效灌溉系数

地市	耕地面积（千公顷）	耕地有效灌溉面积（千公顷）	有效灌溉系数
郑州市	314.14	190.84	0.61
开封市	418.04	336.17	0.80
洛阳市	434.44	146.81	0.34
平顶山市	322.47	210.08	0.65
安阳市	408.74	301.20	0.74
鹤壁市	119.67	89.64	0.75
新乡市	475.66	362.69	0.76
焦作市	196.69	172.86	0.88
濮阳市	281.22	226.84	0.81
许昌市	337.89	248.21	0.73
漯河市	190.24	147.55	0.78
三门峡市	179.72	55.45	0.31
南阳市	1055.84	486.05	0.46
商丘市	716.30	597.89	0.83
信阳市	850.16	513.67	0.60
周口市	858.86	574.30	0.67
驻马店市	952.16	605.74	0.64
济源市	46.05	22.70	0.49

2. 时序特征分析

由图 2 - 9 可以看出，2000 ~ 2018 年河南省耕地有效灌溉面积变动幅度较大，但整体呈上升趋势，由 2000 年的 472.531 万公顷增加到 2018 年的 528.869 万公顷，共增加 56.338 万公顷。其中，2000 ~ 2011 年耕地有效灌溉面积增加了 42.513 万公顷。2011 ~ 2012 年耕地有效灌溉面积下降了 22.772 万公顷，这是由于河南省 2012 年旱灾、高温等极端天气的出现，降水量减少，使得耕地有效灌溉面积下降。2012 年，《高标准基本农田建设标准（TD/T 1033—2012）》和《高标准农田建设标准（NY/T 2148—2012）》出台，国家开始加强农田水利建设，耕地有效灌溉面积又开始回升。2012 ~ 2018 年耕地有效灌溉面积共计增加 36.597 万公顷。

由图 2 - 9 可以看出，2000 ~ 2018 年河南省有效灌溉系数维持在 0.6 ~

0.7，呈先下降后上升的趋势，整体有所下降，共计减少 0.04。2000～2008 年有效灌溉系数在 0.68 上下浮动；而 2008～2009 年有效灌溉系数大幅度下降，由 0.69 减少到 0.61，减少了 0.08；2009～2014 年有效灌溉系数在 0.62 上下浮动；2014～2018 年有效灌溉系数维持在 0.63～0.65。

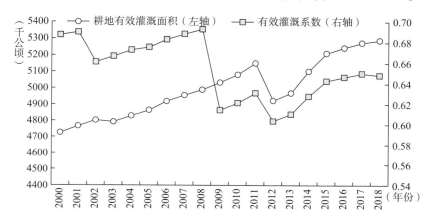

图 2-9　2000～2018 年河南省耕地有效灌溉面积和有效灌溉系数变化趋势

3. 空间特征分析

由图 2-10 可以看出，2000～2018 年河南省 18 个地市中耕地有效灌溉面积增加的有 16 个地市。就增量而言，增量较大的地市有驻马店市、信阳市和南阳市，分别为 18.931 万公顷、14.604 万公顷和 5.451 万公顷；其余地市的增量大多不超过 3.0 万公顷。就增幅而言，增幅超过 10% 的地市有驻马店市、信阳市、平顶山市、三门峡市、南阳市和许昌市，分别为 45.46%、39.72%、16.02%、15.14%、12.63% 和 10.15%。相比 2000 年，2018 年周口市和济源市的耕地有效灌溉面积分别减少了 0.891 万公顷和 0.160 万公顷，降幅分别为 1.53% 和 6.58%。

由图 2-11 可以看出，2000～2018 年河南省各地市耕地有效灌溉面积整体增加的同时，有效灌溉系数则有所下降。

由表 2-8 可以看出，相比 2000 年，河南省各地市 2018 年的有效灌溉系数下降的有 15 个地市。就减量而言，减量超过 0.10 的地市有济源市、新乡市、信阳市，分别为 0.20、0.12、0.11，其余地市减量大多未超过 0.10。就减幅而言，减幅超过 10% 的地市有济源市、信阳市、新乡市、濮阳市、周口市、商丘市，分别为 28.76%、14.83%、13.28%、11.70%、

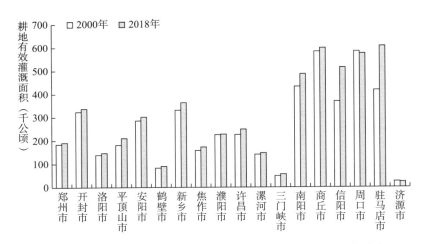

图 2 - 10　2000 年和 2018 年河南省各地市耕地有效灌溉面积对比

11.27% 和 10.40%。其余 3 个地市中，三门峡市基本保持不变，驻马店市和平顶山市均有所增加，分别增加 0.13 和 0.06，增幅分别为 25.18% 和 9.58%。

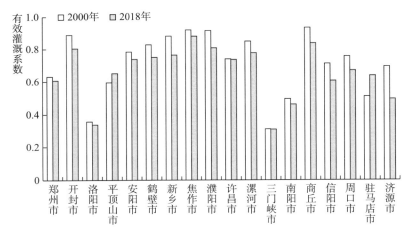

图 2 - 11　2000 年和 2018 年河南省各地市有效灌溉系数对比

就区域而言，2018 年河南省豫南地区有效灌溉系数较 2000 年有小幅增加，增加了 0.01，增幅为 2.21%；豫中地区基本保持不变；其他 3 个地区均有所降低，其中豫东地区减量最大，减少 0.09，降幅为 10.37%，其次是豫北地区和豫西地区，分别减少 0.08 和 0.01，降幅分别为 9.94% 和 4.26%（见表 2 - 8）。

表 2 – 8　2000 年与 2018 年河南省各地市有效灌溉系数比较

地区	地市	有效灌溉系数		变化情况	
		2000 年	2018 年	增长量	增长率（％）
豫北地区	安阳市	0.78	0.74	− 0.04	− 5.83
	新乡市	0.88	0.76	− 0.12	− 13.28
	焦作市	0.92	0.88	− 0.04	− 4.25
	濮阳市	0.91	0.81	− 0.10	− 11.70
	鹤壁市	0.83	0.75	− 0.08	− 9.37
	济源市	0.69	0.49	− 0.20	− 28.76
	小计	0.85	0.77	− 0.08	− 9.94
豫中地区	郑州市	0.63	0.61	− 0.02	− 3.80
	漯河市	0.85	0.78	− 0.07	− 8.46
	许昌市	0.74	0.73	− 0.01	− 0.44
	平顶山市	0.59	0.65	0.06	9.58
	小计	0.68	0.68	0.00	− 0.12
豫东地区	开封市	0.89	0.80	− 0.09	− 9.35
	商丘市	0.93	0.83	− 0.10	− 10.40
	周口市	0.75	0.67	− 0.08	− 11.27
	小计	0.84	0.76	− 0.09	− 10.37
豫西地区	洛阳市	0.36	0.34	− 0.02	− 5.48
	三门峡市	0.31	0.31	0.00	− 0.52
	小计	0.34	0.33	− 0.01	− 4.26
豫南地区	南阳市	0.49	0.46	− 0.03	− 6.72
	驻马店市	0.51	0.64	0.13	25.18
	信阳市	0.71	0.60	− 0.11	− 14.83
	小计	0.55	0.56	0.01	2.21

注：数据经四舍五入得到，部分核算结果有些许出入。下同。

五　农林牧渔业固定资产投资比重

1. 农林牧渔业固定资产投资比重现状分析

2018 年，河南省农林牧渔业固定资产投资比重为 4.80%。在全省 18 个地市中，三门峡市的农林牧渔业固定资产投资比重最大，为 18.81%；其次是南阳市，农林牧渔业固定资产投资比重为 10.89%；居第 3 位的是洛阳市，农林牧渔业固定资产投资比重为 8.19%；其他高于河南省农林牧渔业固定资产投资比重的地市有平顶山市、信阳市和周口市，农林牧渔业固定资产投资比重最小的地市是郑州市，仅为 0.55%（见图 2 - 12）。

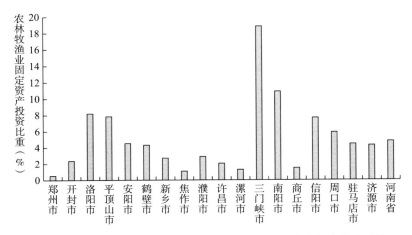

图 2 - 12　2018 年河南省及各地市农林牧渔业固定资产投资比重对比

2. 时序特征分析

由图 2 - 13 可以看出，2000～2018 年河南省农林牧渔业固定资产投资比重呈波动下降趋势。其中，2000～2003 年农林牧渔业固定资产投资比重由 6.97% 变为 6.45%，减少了 0.52 个百分点；2003～2004 年，农林牧渔业固定资产投资比重降低了 2.32 个百分点；2004～2007 年，农林牧渔业固定资产投资比重降低了 0.56 个百分点；2008～2010 年，农林牧渔业固定资产投资比重降低了 0.56 个百分点；2008～2010 年，农林牧渔业固

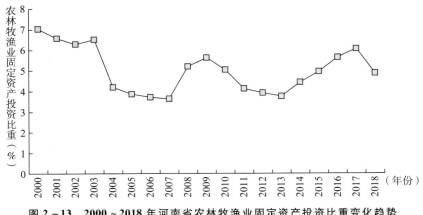

图 2 - 13　2000～2018 年河南省农林牧渔业固定资产投资比重变化趋势

定资产投资比重平均为 5.22%；2011~2013 年，农林牧渔业固定资产投资比重平均为 3.87%；之后农林牧渔业固定资产投资比重不断增长，2013~2017 年增长了 2.30 个百分点；2018 年出现了下降，农林牧渔业固定资产投资比重为 4.80%，2017~2018 年下降了 1.19 个百分点。

3. 空间特征分析

由图 2-14 可以看出，2000~2018 年河南省 18 个地市中有 6 个地市的农林牧渔业固定资产投资比重是上升的，其余 12 个地市均存在不同程度的下降。

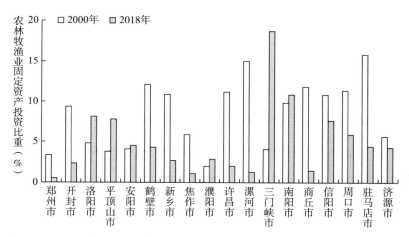

图 2-14 2000 年和 2018 年河南省各地市农林牧渔业固定资产投资比重对比

对于农林牧渔业固定资产投资比重降低的 12 个地市，就减量而言，漯河市减量最大，减少 13.83 个百分点；其次是驻马店市和商丘市，分别减少 11.52 个百分点和 10.36 个百分点。就降幅而言，郑州市、开封市、鹤壁市、新乡市、焦作市、许昌市、漯河市、商丘市和驻马店市均超过 50%，分别为 83.95%、74.75%、64.39%、75.07%、81.44%、81.71%、91.43%、87.40% 和 72.18%。农林牧渔业固定资产投资比重增加的 6 个地市有三门峡市、平顶山市、洛阳市、南阳市、濮阳市和安阳市，分别增加 14.73 个百分点、4.03 个百分点、3.37 个百分点、0.99 个百分点、0.87 个百分点和 0.44 个百分点，增幅分别为 360.74%、105.63%、69.83%、10.05%、42.71% 和 10.75%（见表 2-9）。

就区域而言，2018 年河南省豫西地区的农林牧渔业固定资产投资比重较 2000 年有所增加，增加了 6.82 个百分点，增幅为 148.60%。其他地区均有所下降，其中，豫东地区下降最多，下降了 7.89 个百分点，降幅为 70.67%；其次是豫中地区和豫南地区，分别减少 4.14 个百分点和 3.27 个百分点，降幅分别为 67.68% 和 28.08%；豫北地区下降最少，下降了 3.14 个百分点，降幅为 51.23%（见表 2 - 9）。

表 2 - 9　2000 年和 2018 年河南省各地市农林牧渔业固定资产投资比重比较

地区	地市	农林牧渔业固定资产投资比重（%）		变化情况	
		2000 年	2018 年	增长量（百分点）	增长率（%）
豫北地区	安阳市	4.10	4.54	0.44	10.75
	新乡市	10.89	2.71	− 8.17	− 75.07
	焦作市	5.89	1.09	− 4.80	− 81.44
	濮阳市	2.03	2.89	0.87	42.71
	鹤壁市	12.13	4.32	− 7.81	− 64.39
	济源市	5.67	4.29	− 1.38	− 24.30
	小计	6.14	2.99	− 3.14	− 51.23
豫中地区	郑州市	3.40	0.55	− 2.85	− 83.95
	漯河市	15.12	1.30	− 13.83	− 91.43
	许昌市	11.21	2.05	− 9.16	− 81.71
	平顶山市	3.81	7.84	4.03	105.63
	小计	6.11	1.98	− 4.14	− 67.68
豫东地区	开封市	9.42	2.38	− 7.05	− 74.75
	商丘市	11.85	1.49	− 10.36	− 87.40
	周口市	11.37	5.90	− 5.46	− 48.07
	小计	11.17	3.28	− 7.89	− 70.67
豫西地区	洛阳市	4.82	8.19	3.37	69.83
	三门峡市	4.08	18.81	14.73	360.74
	小计	4.59	11.40	6.82	148.60
豫南地区	南阳市	9.89	10.89	0.99	10.05
	驻马店市	15.96	4.44	− 11.52	− 72.18
	信阳市	10.86	7.67	− 3.19	− 29.40
	小计	11.64	8.37	− 3.27	− 28.08

第二节　河南省农业基础水平评价结果分析

一　2000～2018年河南省农业基础水平评价结果分析

从图2-15中农业基础水平评价结果来看，2000～2018年河南省农业基础水平呈波动下降趋势，评价分值由0.5878下降到0.5168，降幅达12.08%。这表明河南省的农业基础水平总体在降低。从具体指标来看，耕地面积和农业机械总动力总体在增加，说明河南省在保护耕地和农业机械化耕种方面投入较多，实施效果较好。而第一产业就业人员、有效灌溉系数和农林牧渔业固定资产投资比重总体呈下降趋势，成为阻碍农业基础水平提升的关键因素，因此，要完善农业水利基础设施，提升农业用水效率。此外，还应提高农林牧渔业固定资产投资比重，改善农业生产条件，增加农民收入。

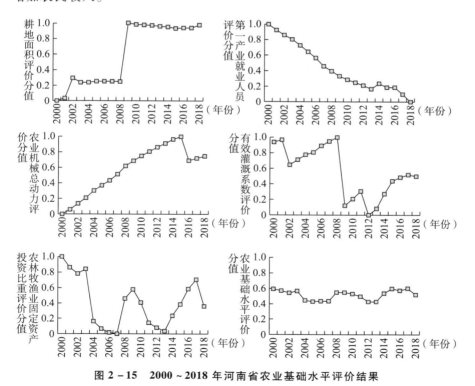

图2-15　2000～2018年河南省农业基础水平评价结果

二 河南省各地市农业基础水平空间特征分析

从表 2 - 10、图 2 - 16 中的评价结果来看，河南省 18 个地市之间农业基础水平空间差异较大，2018 年排前 3 名的地市分别为南阳市、驻马店市和周口市；其次是商丘市、信阳市、新乡市和开封市；其余地市的分值均位于均值以下，最低的是济源市，为 0.11 分，只有均值的 26.83%。

从河南省各地市 2000 年和 2018 年评价分值对比数据来看，2018 年大部分地市较 2000 年呈下降趋势，全省 18 个地市中有 5 个地市的评价分值是上升的，其中三门峡市上升最多，增加了 0.16 分；其次是南阳市和平顶山市，分别增加了 0.10 分和 0.09 分；洛阳市和信阳市增加较少，均增加了 0.01 分。

其余 13 个地市的评价分值均存在不同程度的下降，其中商丘市、漯河市、周口市和新乡市下降较为严重，分别下降了 0.24 分、0.20 分、0.18 分和 0.18 分；濮阳市下降最少，仅下降了 0.02 分。

河南省南阳市、驻马店市、周口市和商丘市的农业基础水平较高，2000 年和 2018 年这 4 个地市都位于前 4 名，南阳市的农业基础水平由 2000 年的第 4 名上升到了 2018 年的第 1 名。2000 年三门峡市、济源市、平顶山市、洛阳市和郑州市的农业基础水平较低，到 2018 年排后 5 名的地市变为济源市、鹤壁市、郑州市、三门峡市和漯河市。

表 2 - 10   2000 年和 2018 年河南省各地市农业基础水平评价结果

地市	2000 年		2018 年		增长量（分）
	分值	排名	分值	排名	
郑州市	0.35	14	0.26	16	- 0.09
开封市	0.56	7	0.42	7	- 0.14
洛阳市	0.32	15	0.33	11	0.01
平顶山市	0.30	16	0.39	8	0.09
安阳市	0.46	10	0.39	9	- 0.07
鹤壁市	0.37	12	0.24	17	- 0.12
新乡市	0.62	5	0.44	6	- 0.18
焦作市	0.41	11	0.30	13	- 0.11
濮阳市	0.37	13	0.35	10	- 0.02

续表

地市	2000 年		2018 年		增长量（分）
	分值	排名	分值	排名	
许昌市	0.46	8	0.33	12	− 0.13
漯河市	0.46	9	0.27	14	− 0.20
三门峡市	0.11	18	0.26	15	0.16
南阳市	0.67	4	0.77	1	0.10
商丘市	0.81	2	0.57	4	− 0.24
信阳市	0.56	6	0.56	5	0.01
周口市	0.85	1	0.67	3	− 0.18
驻马店市	0.77	3	0.67	2	− 0.10
济源市	0.18	17	0.11	18	− 0.07

注：表中分值相同、排名不同是由四舍五入造成的。

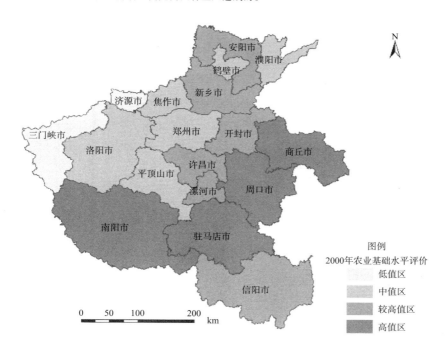

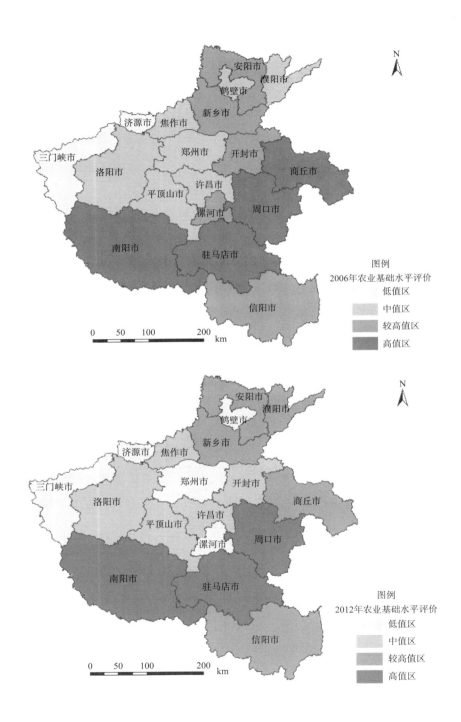

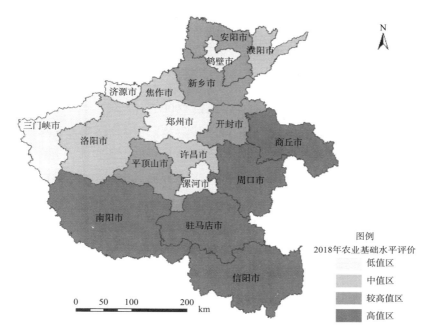

图 2－16　部分年份河南省各地市农业基础水平评价结果空间分布变化

1．耕地面积

从表 2－11 可以看出，河南省各地市 2000 年和 2018 年耕地面积评价分值排名变化较小。大部分地市的排名没有发生变化，只有商丘市、洛阳市、新乡市和信阳市的排名存在变动，但整体变动不大，说明河南省在落实最严格的耕地保护制度方面发挥了重要作用。

2．第一产业就业人员

从表 2－11 可以看出，河南省各地市 2000 年和 2018 年第一产业就业人员评价分值排名存在小幅变动，但整体变动不大。其中郑州市、安阳市、新乡市、焦作市和商丘市 5 个地市的排名下降，南阳市、洛阳市、鹤壁市、许昌市、三门峡市、周口市、驻马店市和济源市的排名保持不变，其他地市均有所上升。

3．农业机械总动力

从表 2－11 可以看出，河南省各地市 2000 年和 2018 年农业机械总动力评价分值排名存在不同程度的变化。上升较快的地市有南阳市和信阳市，其中南阳市上升最快，由 2000 年的第 8 名上升到 2018 年的第 1 名，信阳市由第 11 名上升到第 6 名；下降较快的地市有焦作市和安阳市，其中焦作市由第 9 名下降到第 15 名，安阳市由第 5 名下降到第 9 名；其他地市变化不大。

4．有效灌溉系数

从表 2－11 可以看出，河南省各地市 2000 年和 2018 年有效灌溉系数评价分值排名中信阳市和济源市下降较快，信阳市由第 11 名下降到第 14 名，济源市由第 12 名下降到第 15 名；平顶山市和驻马店市上升较快，平顶山市由第 14 名上升到第 11 名，驻马店市由第 15 名上升到第 12 名；其他地市变化不大。

5．农林牧渔业固定资产投资比重

从表 2－11 可以看出，河南省各地市 2000 年和 2018 年农林牧渔业固定资产投资比重评价分值排名存在较大幅度的变动。就上升的地市来说，三门峡市上升最快，由第 15 名上升到第 1 名，平顶山市由第 16 名上升到第 4 名，洛阳市由第 13 名上升到第 3 名，此外，南阳市、濮阳市、安阳市、信阳市和济源市也有不同程度的上升。就下降的地市来说，漯河市下降最快，由第 2 名下降到第 16 名，商丘市由第 4 名下降到第 15 名，许昌市由第 6 名下降到第 14 名。

表 2－11　2000 年和 2018 年河南省各地市农业基础水平评价分值排名

地市	耕地面积		第一产业就业人员		农业机械总动力		有效灌溉系数		农林牧渔业固定资产投资比重	
	2000 年	2018 年	2000 年	2018 年	2000 年	2018 年	2000 年	2018 年	2000 年	2018 年
郑州市	12	12	12	13	7	10	13	13	17	18
开封市	8	8	9	8	6	7	4	4	10	13
洛阳市	6	7	6	6	10	8	17	17	13	3
平顶山市	11	11	10	7	14	11	14	11	16	4
安阳市	9	9	7	10	5	9	8	8	14	7
鹤壁市	17	17	17	17	16	16	7	7	3	9
新乡市	7	6	8	9	4	5	5	6	7	12
焦作市	14	14	14	15	9	15	2	1	11	17
濮阳市	13	13	13	12	12	13	3	3	18	11
许昌市	10	10	11	11	13	12	10	9	6	14

地市	耕地面积		第一产业就业人员		农业机械总动力		有效灌溉系数		农林牧渔业固定资产投资比重	
	2000 年	2018 年	2000 年	2018 年	2000 年	2018 年	2000 年	2018 年	2000 年	2018 年
漯河市	15	15	15	14	15	14	6	5	2	16
三门峡市	16	16	16	16	17	17	18	18	15	1
南阳市	1	1	1	1	8	1	16	16	9	2
商丘市	4	5	4	5	2	4	1	2	4	15
信阳市	5	4	5	4	11	6	11	14	8	5
周口市	3	3	2	2	1	3	9	10	5	6
驻马店市	2	2	3	3	3	2	15	12	1	8
济源市	18	18	18	18	18	18	12	15	12	10

第三章 农业生产水平评价

第一节 河南省农业生产水平影响因素分析

一 农业生产总值

1. 农业生产总值现状分析

2018 年，河南省生产总值为 48055.86 亿元，其中农业生产总值为 7757.94 亿元，占河南省生产总值的 16.14%，相比 2017 年有了一定的增长，农业经济总量处于不断增长状态。在全省 18 个地市中，南阳市农业生产总值最大，为 922.74 亿元，占全省农业生产总值的 12.01%，占该市生产总值的 25.87%；其次是周口市，农业生产总值为 847.53 亿元，占全省农业生产总值的 11.03%，占该市生产总值的 31.54%；居第 3 位的是信阳市，农业生产总值为 824.52 亿元，占全省农业生产总值的 10.73%，占该市生产总值的 34.53%。农业生产总值最小的地市是济源市，仅有 32.19 亿元，占全省农业生产总值的 0.42%，占该市生产总值的 5.02%。

农业生产总值占本市生产总值比例最大的地市是信阳市，比例为 34.53%；其次是驻马店市和周口市，比例分别为 32.29% 和 31.54%。农业生产总值占本市生产总值比例最小的地市是郑州市，比例为 2.38%；其次是济源市、许昌市和洛阳市，比例分别为 5.02%、9.42% 和 9.53%（见表 3 - 1）。

2. 时序特征分析

近年来，河南省政府对农业生产的重视度不断提高，全省农业生产总值稳步提高。由图 3 - 1 可以看出，河南省农业生产总值从 2000 年的

表 3 - 1　2018 年河南省各地市农业生产总值及占比

单位：亿元，%

地市	农业生产总值	地区生产总值	农业生产总值占地区生产总值比例	农业生产总值占全省农业生产总值比例
郑州市	241.30	10143.32	2.38	3.14
开封市	522.81	2002.23	26.11	6.80
洛阳市	442.44	4640.78	9.53	5.76
平顶山市	304.83	2135.23	14.28	3.97
安阳市	358.40	2393.22	14.98	4.66
鹤壁市	116.54	861.9	13.52	1.52
新乡市	384.71	2526.55	15.23	5.01
焦作市	252.18	2371.5	10.63	3.28
濮阳市	313.61	1654.47	18.96	4.08
许昌市	266.57	2830.62	9.42	3.47
漯河市	199.98	1236.66	16.17	2.60
三门峡市	207.41	1528.12	13.57	2.70
南阳市	922.74	3566.77	25.87	12.01
商丘市	681.15	2389.04	28.51	8.86
信阳市	824.52	2387.8	34.53	10.73
周口市	847.53	2687.22	31.54	11.03
驻马店市	765.39	2370.32	32.29	9.96
济源市	32.19	641.84	5.02	0.42

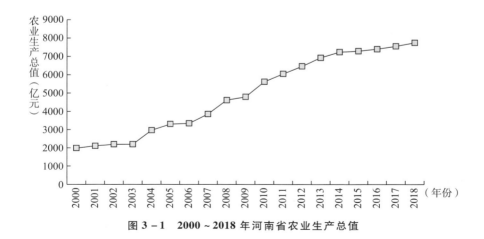

图 3 - 1　2000~2018 年河南省农业生产总值

1981.54 亿元增加到 2018 年的 7757.94 亿元，在此期间农业生产总值增加 5776.40 亿元，较 2000 年增加 291.51%。从 2005 年开始，农业生产总值超过 3000 亿元，2010 年超过 5000 亿元，2014 年超过 7000 亿元，河南省凭借特殊位置、环境和气候成为当之无愧的农业大省。

3. 空间特征分析

由图 3-2 可以看出，2018 年河南省农业生产总值相比 2000 年均处于上升趋势。就增量而言，增量超过 500 亿元的地市有信阳市、南阳市、周口市和驻马店市，分别增加 672.38 亿元、658.64 亿元、620.06 亿元、601.16 亿元；增量低于 100 亿元的地市有鹤壁市和济源市，分别增加 83.82 亿元和 18.53 亿元。

就增幅而言；增幅最大的地市是洛阳市，为 561.84%，其余地市增幅超过 300% 的有三门峡市、信阳市、驻马店市、平顶山市、开封市和濮阳市，增幅分别为 449.88%、441.93%、366.04%、341.76%、319.66% 和 300.32%；增幅较小的地市有许昌市和济源市，分别为 151.00% 和 135.65%；其余地市增幅均超过 200%。

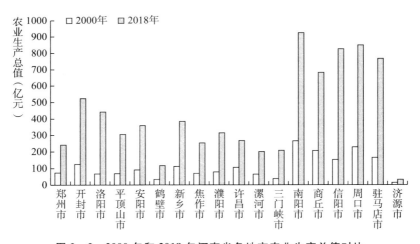

图 3-2　2000 年和 2018 年河南省各地市农业生产总值对比

二　财政支农支出

1. 财政支农支出现状分析

2018 年，河南省在财政收支矛盾较为突出的情况下，各级财政仍进一步加大对农业的支持力度，促进农业生产的发展，促进农村基础设施建设，农村教育、文化、脱贫攻坚、社会保障等民生事业的发展。2018 年，河南省财政总支出为 9217.73 亿元，其中财政支农支出为 1001.08 亿元，占河南省财政总支出的 10.86%。在全省 18 个地市中，南阳市的财政支农支出最多，为 99.13 亿元，占全省财政支农支出的 10.51%，占该市财政总支出的 15.28%；其次是信阳市，财政支农支出为 96.42 亿元，占全省财政支农支出的 10.22%，占该市财政总支出的 18.44%；居第 3 位的是周口市，财政支农支出为 88.12 亿元，占全省财政支农支出的 9.34%，占该市财政总支出的 14.24%。财政支农支出最少的地市是济源市，仅有 8.24亿元，占全省财政支农支出的 0.87%，占该市财政总支出的 11.94%。

　　财政支农支出占本市财政总支出比例最大的地市是信阳市，比例为18.44%；其次是濮阳市和驻马店市，比例分别为 17.33% 和 15.68%。财政支农支出占本市财政总支出比例最小的地市是郑州市，比例为 4.17%；财政支农支出占本市财政总支出比例较低的地市有焦作市、鹤壁市、漯河市、许昌市和洛阳市（见表 3 - 2）。

表 3 - 2　2018 年河南省各地市财政支农支出及占比

单位：亿元，%

地市	财政支农支出	财政总支出	财政支农支出占财政总支出比例	财政支农支出占全省财政支农支出比例
郑州市	73.47	1763.34	4.17	7.79
开封市	44.87	368.43	12.18	4.76
洛阳市	58.78	597.47	9.84	6.23
平顶山市	40.33	362.98	11.11	4.28
安阳市	42.03	361.23	11.64	4.46
鹤壁市	11.73	130.58	8.98	1.24
新乡市	61.67	403.87	15.27	6.54
焦作市	24.15	268.96	8.98	2.56
濮阳市	53.73	310.06	17.33	5.70
许昌市	31.11	318.74	9.76	3.30
漯河市	17.65	184.06	9.59	1.87
三门峡市	31.85	244.78	13.01	3.38

续表

地市	财政支农支出	财政总支出	财政支农支出占财政总支出比例	财政支农支出占全省财政支农支出比例
南阳市	99.13	648.65	15.28	10.51
商丘市	73.88	502.57	14.70	7.83
信阳市	96.42	522.75	18.44	10.22
周口市	88.12	618.65	14.24	9.34
驻马店市	85.97	548.15	15.68	9.12
济源市	8.24	69.04	11.94	0.87

2. 时序特征分析

由图 3-3 可知，2000～2018 年河南省财政支农支出呈上升趋势，由 34.19 亿元增加到 1001.08 亿元，共增加 966.89 亿元。2000～2007 年财政支农支出保持在 200 亿元之内，增长比较缓慢；2008～2012 年财政支农支出保持在 200 亿～600 亿元，增速有所提升；2013 年以后，尤其是 2016～2018 年，河南省在实施乡村振兴战略的背景下，持续加大支农投入力度，同时注重发挥财政资金的引导作用，积极撬动金融和社会资本投向农业，财政支农支出几乎呈直线增加，每年增加 100 亿元左右。

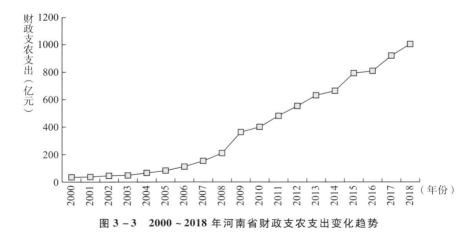

图 3-3　2000～2018 年河南省财政支农支出变化趋势

3. 空间特征分析

由图 3-4 可以看出，对比 2000 和 2018 年年河南省 18 个地市财政支农支出的变化情况，各地市均有增加。增加最多的地市是南阳市，增加

97.06亿元；其次是信阳市、周口市和驻马店市，分别增加95.07亿元、86.56亿元和84.78亿元。增加最少的地市是济源市，仅增加8.00亿元；其次是鹤壁市、漯河市和焦作市，分别增加11.40亿元、16.98亿元和23.33亿元。其余地市增量均超过30亿元。就增幅而言，增幅最大的地市是商丘市，达7861.21%；增幅较大的还有驻马店市、信阳市和濮阳市，分别为7098.96%、7022.17%和6524.34%；增幅最小的地市是三门峡市，为2537.08%。

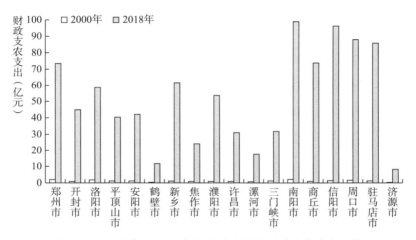

图3-4　2000年和2018年河南省各地市财政支农支出对比

三　单位农业用地农业产值

单位农业用地农业产值的大小由农业生产总值和农作物播种面积共同决定，与农业生产总值成正比，与农作物播种面积成反比。不同城市发展的重点产业不同，无法单纯地通过农业生产总值或农作物播种面积中的单一指标来判断某一地市农业发展水平的高低，而单位农业用地农业产值表示每播种一公顷农作物产生的效益，利用该指标可以更加准确地反映各地市农业发展程度，也便于不同地市之间的对比。

1. 单位农业用地农业产值现状分析

2018年，河南省农业生产总值为7757.94亿元，农作物播种面积为1476.906万公顷，单位农业用地农业产值为5.25万元/公顷。在全省18个地市中，三门峡市的单位农业用地农业产值最高，为8.15万元/公顷；

其次是焦作市，单位农业用地农业产值为 7.12 万元/公顷；居第 3 位的是信阳市，单位农业用地农业产值为 7.11 万元/公顷。其他高于河南省单位农业用地农业产值的地市有郑州市、开封市、洛阳市、平顶山市、鹤壁市、濮阳市、漯河市和济源市。单位农业用地农业产值最少的地市是驻马店市，仅为 4.26 万元/公顷（见图 3 - 5）。

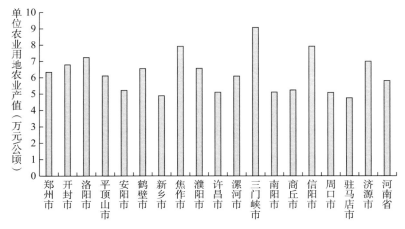

图 3 - 5　2018 年河南省及各地市单位农业用地农业产值对比

2. 时序特征分析

由图 3 - 6 可以看出，2000 ~ 2018 年河南省单位农业用地农业产值整体呈上升趋势，从 1.51 万元/公顷增加到 5.25 万元/公顷，增加了 3.74 万元/公顷。2000 ~ 2003 年单位农业用地农业产值均小于 2 万元/公顷，增速比较缓慢；到 2012 年时单位农业用地农业产值相当于 2000 年的 3 倍，到

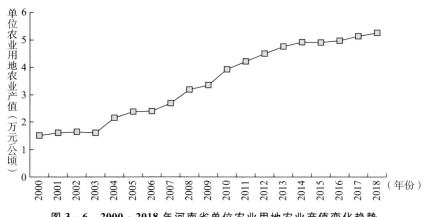

图 3 - 6　2000 ~ 2018 年河南省单位农业用地农业产值变化趋势

2018 年时已增加到 2000 年的 3.5 倍，增速较快。

3. 空间特征分析

由图 3 - 7 可以看出，2018 年河南省各地市的单位农业用地农业产值相比 2000 年均处于上升趋势。就增量而言，增量超过 5 万元/公顷的地市有三门峡市、信阳市和洛阳市，分别增加 6.62 万元/公顷、5.64 万元/公顷和 5.39 万元/公顷；增加较少的地市有新乡市和许昌市，分别增加 2.76 万元/公顷和 2.74 万元/公顷；其余地市的增量均超过 3 万元/公顷。

就增幅而言，增幅最大的地市是洛阳市，为 482.67%，其余地市超过 300% 的有三门峡市、信阳市、郑州市，分别为 431.88%、382.99% 和 317.23%；增幅较小的地市有南阳市、商丘市、济源市、新乡市和许昌市，分别为 193.98%、190.22%、172.68%、168.88% 和 148.27%；其余地市的增幅均超过 200%。

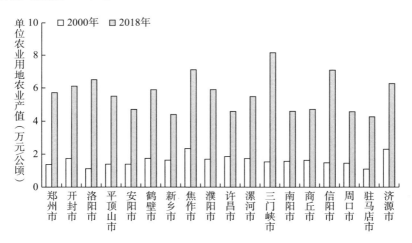

图 3 - 7　2000 年和 2018 年河南省各地市单位农业用地农业产值对比

四　单位农业机械动力产值

1. 单位农业机械动力产值现状分析

2018 年，河南省农业生产总值为 7757.94 亿元，农业机械总动力为 10204.46 万千瓦，单位农业机械动力产值为 0.76 万元/千瓦。在全省 18 个地市中，三门峡市的单位农业机械动力产值最高，为 1.74 万元/千瓦；其次是信阳市，单位农业机械动力产值为 1.24 万元/千瓦；居第 3 位的是焦作市，单位农业机械动力产值为 1.00 万元/千瓦。其他高于河南省单位农业机械动力产值的地市有开封市、洛阳市、平顶山市、濮阳市、漯河市、商丘市和周口市。单位农业机械动力产值最少的地市是济源市，仅为 0.44 万元/千瓦（见图 3 – 8）。

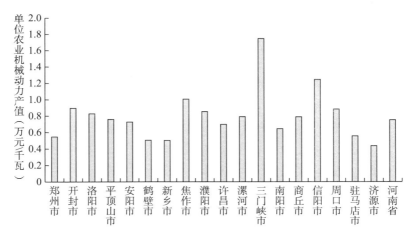

图 3 – 8　2018 年河南省及各地市单位农业机械动力产值对比

2．时序特征分析

由图 3 – 9 可以看出，2000～2018 年河南省单位农业机械动力产值整体呈上升趋势，从 0.34 万元/千瓦增加到 0.76 万元/千瓦，增加了 0.42 万元/千瓦。2000～2008 年单位农业机械动力产值均小于 0.5 万元/千瓦；之后，随着科学技术的快速发展以及农业机械现代化的普及，农业耕作更多

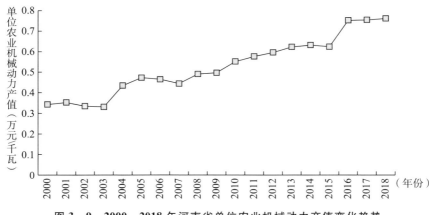

图 3 – 9　2000～2018 年河南省单位农业机械动力产值变化趋势

地由机器代替人力，单位农业机械动力产值总体在增加，尤其是 2015～2016 年，由 0.62 万元/千瓦增加到 0.75 万元/千瓦，增加了 0.13 万元/千瓦，增幅较大。

3. 空间特征分析

由图 3-10 可以看出，在河南省 18 个地市中，2018 年的单位农业机械动力产值与 2000 年相比除南阳市有所减少之外，其余 17 个地市均处于增加态势。就增量而言，三门峡市增加最多，为 1.44 万元/千瓦；其次为焦作市、信阳市和洛阳市，分别增加了 0.78 万元/千瓦、0.66 万元/千瓦和 0.61 万元/千瓦。增加较少的地市有济源市、驻马店市、许昌市、新乡市和鹤壁市，分别增加了 0.18 万元/千瓦、0.23 万元/千瓦、0.24 万元/千瓦、0.27 万元/千瓦和 0.27 万元/千瓦。

就增幅而言，增幅最大的地市是三门峡市，为 477.24%；其余超过 200% 的地市有焦作市、洛阳市和安阳市，分别为 348.57%、273.13% 和 222.17%。增幅较小的地市有平顶山市、驻马店市、济源市和许昌市，分别为 91.81%、73.33%、67.89% 和 52.73%；其余地市增幅均超过 100%。

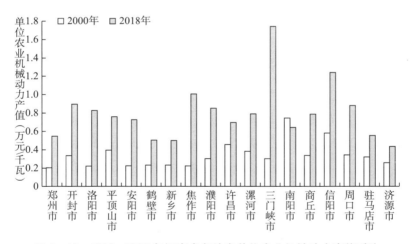

图 3-10 2000～2018 年河南省各地市单位农业机械动力产值对比

五 农村居民家庭人均可支配收入

1. 农村居民家庭人均可支配收入现状分析

随着乡村产业的快速发展，河南省农民收入保持较快增长势头，2018

年农村居民家庭人均可支配收入为 13830.74 元，同比增长 8.7%。2018 年在全省 18 个地市中，郑州市的农村居民家庭人均可支配收入最高，为21652 元；其次是济源市，农村居民家庭人均可支配收入为 18446 元；居第 3 位的是焦作市，农村居民家庭人均可支配收入为 17629 元。其他高于河南省农村居民家庭人均可支配收入的地市有安阳市、鹤壁市、新乡市、许昌市、漯河市、南阳市和三门峡市。农村居民家庭人均可支配收入最少的地市是周口市，仅为 11095 元（见图 3 - 11）。

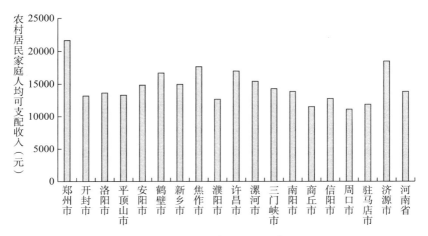

图 3 - 11　2018 年河南省及各地市农村居民家庭人均可支配收入对比

2. 时序特征分析

由图 3 - 12 可知，从 2000 年开始，河南省农村居民家庭人均可支配收入呈现不断增长的趋势，从 2000 年的 1985.82 元增加到 2018 年的13830.74 元，增加了 11844.92 元，年均增加 658.05 元。其中，2000 ~ 2003年增长缓慢，由 1985.82 元增加到 2235.68 元，增加了 249.86 元，年均增加83.29 元；2003 ~ 2018 年增速较快，年均增加 773.00 元。

3. 空间特征分析

由图 3 - 13 可以看出，在河南省 18 个地市中，2018 年的农村居民家庭人均可支配收入与 2000 年相比均有所增加，但各地市变化差异较大。就增量而言，除了商丘市、周口市和驻马店市的增量小于 10000 元外，其他地市的增量均大于 10000 元，其中郑州市、焦作市和济源市的增量超过15000 元。增量最大的地市是郑州市，为 18740 元；其次是济源市，为 16021

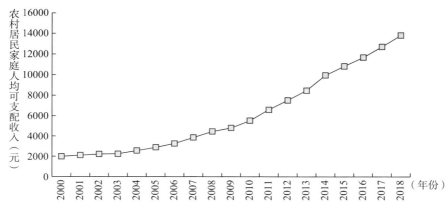

图 3 – 12　2000~2018 年河南省农村居民家庭人均可支配收入变化趋势

元。增量最小的地市是周口市，为 9180 元；其次是商丘市，为 9691 元。

就增幅而言，河南省各地市的增幅在 450%~700%。其中增幅较大的地市是鹤壁市、济源市、郑州市、南阳市，分别为 691.40%、660.66%、643.54% 和 632.50%；增幅最小的地市是周口市，为 479.37%；其余地市的增幅均超过 500%。

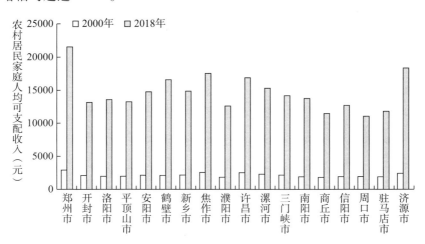

图 3 – 13　2000 年和 2018 年河南省各地市农村居民家庭人均可支配收入对比

六　城乡居民收入水平比（农村居民 = 1）

1. 城乡居民收入水平比现状分析

随着经济体制改革的不断深入，河南省经济迅速发展，城乡居民总体收入水平大幅提高，同时，城乡居民收入差距也在不断变化。2018 年，河南省城乡居民收入水平比为 2.30。在全省 18 个地市中，洛阳市的城乡居民收入水平比最高，为 2.64；其次是商丘市，城乡居民收入水平比为 2.61；居第 3 位的是濮阳市，城乡居民收入水平比为 2.45。其他高于河南省城乡居民收入水平比的地市有平顶山市、驻马店市和周口市，分别为 2.41、2.40 和 2.38。城乡居民收入水平比最低的地市是焦作市，为 1.79（见图 3 – 14）。

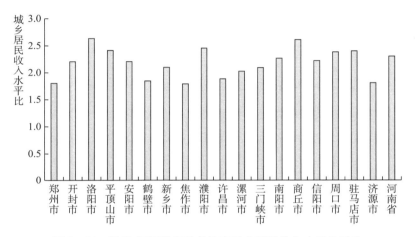

图 3 – 14　2018 年河南省及各地市城乡居民收入水平比对比

2. 时序特征分析

由图 3 – 15 可以看出，2000 ~ 2018 年河南省城乡居民收入水平比大体呈现先增加后减少的趋势。其中，2000 ~ 2003 年城乡居民收入水平比处于不断扩大的趋势，由 2.40 增加到 3.10，增加了 0.70；2003 ~ 2009 年趋于稳定，基本保持在 3.00 左右；2009 ~ 2014 年处于下降趋势，由 2.99 下降到 2.38，减少了 0.61；2014 年之后逐步趋于稳定，基本保持在 2.35 左右。

3. 空间特征分析

由图 3 – 16 可以看出，在河南省的 18 个地市中，有 7 个地市 2018 年的城乡居民收入水平比小于 2000 年，其余地市的城乡居民收入水平比均有所增大。

城乡居民收入水平比下降的 7 个地市中，就减量而言，减量最大的是三门峡市，减少 0.34；其次是郑州市和济源市，分别减少 0.23 和 0.14；此外平顶山市、鹤壁市、新乡市、南阳市均有一定程度的减少。就降幅而

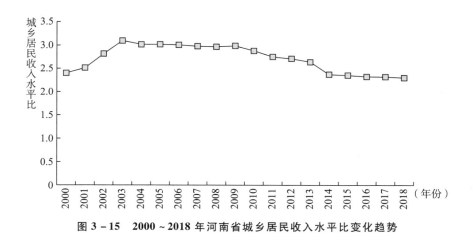

图 3-15 2000~2018 年河南省城乡居民收入水平比变化趋势

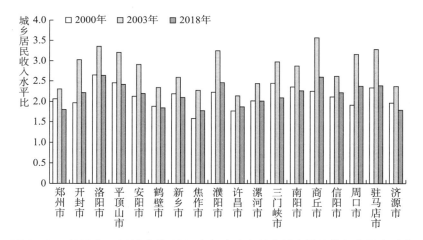

图 3-16 2000 年、2003 年和 2018 年河南省各地市城乡居民收入水平比对比

言，降幅最大的是三门峡市，降低 13.85%；其次是郑州市，降低 11.53%（见表 3-3）。

城乡居民收入水平比增加的 11 个地市中，就增量而言，增量最大的是周口市，为 0.48；其次是商丘市、开封市、濮阳市和焦作市，分别为 0.36、0.25、0.24 和 0.22。就增幅而言，增幅最大的是周口市，为 25.01%；其次是商丘市，为 16.06%（见表 3-3）。

就区域而言，豫中地区和豫西地区的城乡居民收入水平比 2018 年较 2000 年有所降低，分别降低 0.04 和 0.17。豫东地区、豫南地区和豫北地区均有所升高，其中豫东地区升高最多，增加了 0.36，豫北地区和豫南地区整体变化不大，分别增加 0.04 和 0.03（见表 3 - 3）。

表 3 - 3　2000 年和 2018 年河南省各地市城乡居民收入水平比比较

地区	地市	城乡居民收入水平比		变化情况	
		2000 年	2018 年	增长量	增长率（%）
豫北地区	安阳市	2.11	2.20	0.09	4.26
	新乡市	2.17	2.10	- 0.08	- 3.46
	焦作市	1.56	1.79	0.22	14.32
	濮阳市	2.22	2.45	0.24	10.67
	鹤壁市	1.87	1.84	- 0.03	- 1.73
	济源市	1.95	1.81	- 0.14	- 7.30
	小计	1.96	2.00	0.04	2.04
豫中地区	郑州市	2.04	1.80	- 0.23	- 11.53
	漯河市	2.01	2.02	0.01	0.60
	许昌市	1.75	1.88	0.13	7.51
	平顶山市	2.44	2.41	- 0.02	- 0.92
	小计	2.04	1.99	- 0.04	- 2.14
豫东地区	开封市	1.95	2.21	0.25	13.05
	商丘市	2.25	2.61	0.36	16.06
	周口市	1.90	2.38	0.48	25.01
	小计	2.03	2.39	0.36	17.82
豫西地区	洛阳市	2.63	2.64	0.01	0.38
	三门峡市	2.43	2.09	- 0.34	- 13.85
	小计	2.53	2.36	- 0.17	- 6.66
豫南地区	南阳市	2.34	2.26	- 0.08	- 3.49
	驻马店市	2.31	2.40	0.08	3.61
	信阳市	2.11	2.22	0.11	5.27
	小计	2.25	2.29	0.03	1.55

第二节　河南省农业生产水平评价结果分析

一　2000～2018 年河南省农业生产水平评价结果分析

从图 3 - 17 中农业生产水平评价结果来看，河南省农业生产水平评价分值整体处于先下降后上升状态。2000～2003 年农业生产水平评价分值由 0.0933 下降到 0.0184，降幅为 80.28%，从图中可以看出，主要是 2000～2003 年城乡居民收入水平比较大，加剧了农业生产水平的下降。2003 年之后农业生产水平评价分值一直保持稳步上升，并在 2018 年达到峰值。其中农业生产总值、财政支农支出、单位农业用地农业产值、单位农业机械动力产值、农村居民家庭人均可支配收入在此期间总体也在稳步增长，对农业生产水平具有正向促进作用。

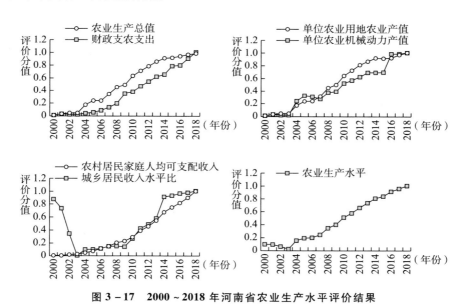

图 3-17　2000～2018 年河南省农业生产水平评价结果

二　河南省各地市农业生产水平空间特征分析

从表 3-4、图 3-18 中的评价结果来看，2018 年河南省 18 个地市的农业生产水平总体评分不高，均值只有 0.39 分，且各地市差异较大。2018 年排前 3 名的分别为信阳市、三门峡市和南阳市，其次是周口市、洛阳市、商丘市、开封市、驻马店市和濮阳市，其余地市的分值均位于均值以下，最低的是济源市。

对比 2000 年和 2018 年河南省各地市农业生产水平评价结果，在河南省的 18 个地市中有 8 个地市 2018 年的农业生产水平评价分值低于 2000 年，分别是郑州市、平顶山市、鹤壁市、新乡市、许昌市、漯河市、南阳市和济源市，焦作市保持不变，其余地市 2018 年的农业生产水平评价分值均有所提高。

就农业生产水平评价分值提高的地市而言，提高最大的是三门峡市，增加了 0.23 分，由 2000 年的第 13 名上升到 2018 年的第 2 名；其次是信阳市，增加了 0.21 分，由第 2 名上升到第 1 名；再次是洛阳市，增加了 0.19 分，由第 16 名上升到第 5 名。对于农业生产水平评价分值下降的地市而言，下降最多的是南阳市，减少了 0.22 分，由第 1 名下降到第 3 名；其次是许昌市，减少了 0.21 分，由第 5 名下降到第 16 名。

表 3 - 4　2000 年和 2018 年河南省各地市农业生产水平评价结果

地市	2000 年		2018 年		增长量（分）
	分值	排名	分值	排名	
郑州市	0.39	6	0.36	11	-0.03
开封市	0.37	8	0.43	7	0.06
洛阳市	0.31	16	0.50	5	0.19
平顶山市	0.34	11	0.34	12	-0.01
安阳市	0.29	17	0.30	13	0.01
鹤壁市	0.20	18	0.18	17	-0.01
新乡市	0.35	9	0.28	14	-0.08
焦作市	0.38	7	0.38	10	0.00
濮阳市	0.31	14	0.40	9	0.09
许昌市	0.44	5	0.23	16	-0.21
漯河市	0.34	12	0.25	15	-0.09
三门峡市	0.32	13	0.55	2	0.23
南阳市	0.76	1	0.53	3	-0.22
商丘市	0.45	4	0.47	6	0.02
信阳市	0.49	2	0.70	1	0.21
周口市	0.47	3	0.51	4	0.04
驻马店市	0.35	10	0.43	8	0.08
济源市	0.31	15	0.18	18	-0.13

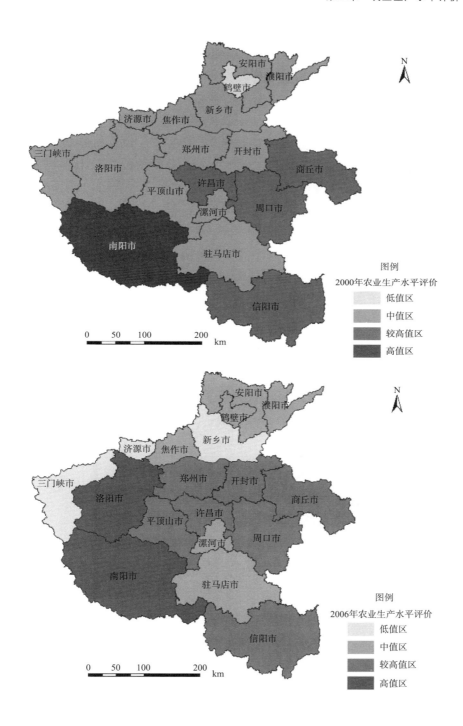

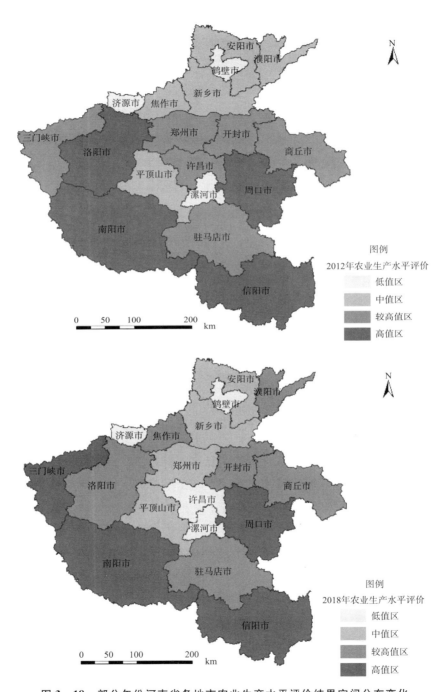

图 3 - 18　部分年份河南省各地市农业生产水平评价结果空间分布变化

1. 农业生产总值

如表 3-5 所示，从河南省各地市 2000 年和 2018 年农业生产总值评价分值排名对比来看，有 10 个地市的排名存在变动。其中评价分值排名上升的地市有洛阳市、平顶山市、三门峡市和信阳市，排名上升最快的是洛阳市，由 2000 年的第 14 名上升为 2018 年的第 7 名；其余地市排名上升幅度不大。评价分值排名下降的地市有郑州市、新乡市、焦作市、许昌市、漯河市和商丘市，许昌市下降最快，由 2000 年的第 8 名下降到 2018 年的第 12 名；其次是郑州市，由 2000 年的第 11 名下降到 2018 年的第 14 名；其余地市排名下降幅度不大。

2. 财政支农支出

如表 3-5 所示，从河南省各地市 2000 年和 2018 年财政支农支出评价分值排名对比来看，全省除鹤壁市、漯河市、南阳市和济源市的评价分值排名保持不变以外，其余地市均有所变化。评价分值排名上升的地市中，商丘市上升最快，由 2000 年的第 11 名上升到 2018 年的第 5 名；其次是濮阳市，由第 14 名上升到第 9 名。评价分值排名下降的地市中，三门峡市下降最快，由第 6 名下降到第 13 名；其次是洛阳市，由第 3 名下降到第 8 名；再次是平顶山市、郑州市，分别由第 8 名、第 2 名下降到第 12 名、第 6 名；其余地市下降幅度不大。

3. 单位农业用地农业产值

如表 3-5 所示，从河南省各地市 2000 年和 2018 年单位农业用地农业产值评价分值排名对比来看，全省除濮阳市和驻马店市的评价分值排名保持不变以外，其他地市均有所变化。评价分值排名上升的地市中，洛阳市上升最快，由 2000 年的第 17 名上升到 2018 年的第 4 名；其次是三门峡市，由第 11 名上升到第 1 名；再次是信阳市，由第 12 名上升到第 3 名。评价分值排名下降的地市中，许昌市下降最快，由第 3 名下降到第 15 名；其次是新乡市，由第 8 名下降到第 17 名。

4. 单位农业机械动力产值

如表 3-5 所示，从河南省各地市 2000 年和 2018 年单位农业机械动力产值评价分值排名对比来看，全省除信阳市的评价分值排名保持不变以外，其余地市均有所变化。评价分值排名上升的地市中，焦作市上升最快，由 2000 年的第 16 名上升到 2018 年的第 3 名；其次是三门峡市、洛阳市，分别由第 11 名、第 17 名上升到第 1 名、第 7 名。评价分值排名下降的地市中，南阳市下降最快，由第 1 名下降到第 13 名；其次是许昌市，由第 3 名下降到第 12 名。

5. 农村居民家庭人均可支配收入

如表 3－5 所示，从河南省各地市 2000 年和 2018 年农村居民家庭人均可支配收入评价分值排名对比来看，全省大部分地市的农村居民家庭人均可支配收入评价分值排名变化不大。其中，南阳市上升最快，由第 16 名上升到第 10 名；其次是鹤壁市，由第 9 名上升到第 5 名。周口市下降最快，由第 14 名下降到第 18 名。

6. 城乡居民收入水平比 （农村居民＝1）

如表 3－5 所示，从河南省各地市 2000 年和 2018 年城乡居民收入水平比评价分值排名对比来看，全省除洛阳市、焦作市和驻马店市的评价分值排名保持不变以外，其余地市均有所变化。评价分值排名上升的地市中，周口市上升最快，由 2000 年的第 15 名上升到 2018 年的第 6 名；其次是商丘市、濮阳市、开封市，分别由第 6 名、第 7 名、第 13 名上升到第 2 名、第 3 名、第 9 名。评价分值排名下降的地市中，三门峡市下降最快，由第 3 名下降到第 12 名；其次是郑州市，由第 11 名下降到第 17 名。

表 3－5　2000 年和 2018 年河南省各地市农业生产水平评价分值排名

地市	农业生产总值		财政支农支出		单位农业用地农业产值		单位农业机械动力产值		农村居民家庭人均可支配收入		城乡居民收入水平比	
	2000 年	2018 年	2000 年	2018 年	2000 年	2018 年	2000 年	2018 年	2000 年	2018 年	2000 年	2018 年
郑州市	11	14	2	6	16	9	18	15	1	1	11	17
开封市	6	6	13	10	5	6	8	4	10	13	13	9
洛阳市	14	7	3	8	17	4	17	7	11	11	1	1
平顶山市	13	11	8	12	15	10	4	10	12	12	2	4
安阳市	9	9	9	11	14	13	15	11	8	8	9	10
鹤壁市	17	17	17	17	4	8	13	16	9	5	16	15
新乡市	7	8	10	7	8	17	14	17	6	7	8	11
焦作市	12	13	12	15	1	2	16	3	2	3	18	18
濮阳市	10	10	14	9	7	7	10	6	17	15	7	3
许昌市	8	12	15	14	3	15	3	12	3	4	17	14

地市	农业生产总值		财政支农支出		单位农业用地农业产值		单位农业机械动力产值		农村居民家庭人均可支配收入		城乡居民收入水平比	
	2000 年	2018 年	2000 年	2018 年	2000 年	2018 年	2000 年	2018 年	2000 年	2018 年	2000 年	2018 年
漯河市	15	16	16	16	6	11	5	8	5	6	12	13
三门峡市	16	15	6	13	11	1	11	1	7	9	3	12
南阳市	1	1	1	1	10	14	1	13	16	10	4	7
商丘市	3	5	11	5	9	12	7	9	18	17	6	2
信阳市	5	3	5	2	12	3	2	2	13	14	10	8
周口市	2	2	4	3	13	16	6	5	14	18	15	6
驻马店市	4	4	7	4	18	18	9	14	15	16	5	5
济源市	18	18	18	18	2	5	12	18	4	2	14	16

第四章　农业竞争力水平评价

第一节　河南省农业竞争力水平影响因素分析

一　粮食总产量

1. 粮食总产量现状分析

2018 年河南省粮食总产量为 6648.91 万吨，在全国省级行政区中排第 2 名，仅次于黑龙江省。在河南省的 18 个地市中，周口市的粮食总产量最多，为 901.90 万吨，占全省粮食总产量的 13.56%；其次是驻马店市，粮食总产量为 788.85 万吨，占全省粮食总产量的 11.86%；居第 3 位的是商丘市，粮食总产量为 723.85 万吨，占全省粮食总产量的 10.89%。粮食总产量最少的地市是济源市，有 23.19 万吨，仅占全省粮食总产量的 0.35%（见表 4-1）。

表 4-1　2018 年河南省各地市粮食总产量及占比

单位：万吨，%

地市	粮食总产量	占全省粮食总产量比例
郑州市	157.35	2.37
开封市	301.13	4.53
洛阳市	250.54	3.77
平顶山市	227.40	3.42
安阳市	375.20	5.64
鹤壁市	118.60	1.78
新乡市	467.64	7.03
焦作市	206.28	3.10
濮阳市	287.11	4.32
许昌市	297.95	4.48

续表

地市	粮食总产量	占全省粮食总产量比例
漯河市	181.50	2.73
三门峡市	71.98	1.08
南阳市	700.84	10.54
商丘市	723.85	10.89
信阳市	568.30	8.55
周口市	901.90	13.56
驻马店市	788.85	11.86
济源市	23.19	0.35

2. 时序特征分析

如图 4-1 所示，2000~2018 年，河南省粮食总产量总体呈上升的趋势，由 4101.50 万吨增加到 6648.91 万吨，增加了 2547.41 万吨，年均增加 141.52 万吨。其中，2002~2003 年，河南省粮食总产量急剧下降，由 4209.98 万吨减少到 3569.47 万吨，减少了 640.51 万吨。2003~2015 年，河南省粮食总产量增速较快，增加了 2900.75 万吨，年均增加 241.73 万吨。2015 年之后，河南省粮食总产量增速放缓，但仍处于上升趋势，2015~2018 年共增加 178.69 万吨，年均增加 59.56 万吨。

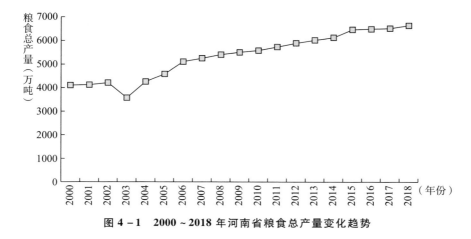

图 4-1　2000~2018 年河南省粮食总产量变化趋势

3. 空间特征分析

由图 4-2 可以看出，2018 年河南省各地市粮食总产量与 2000 年相比，除郑州市和济源市有少量下降之外，其余 16 个地市均有所增加。

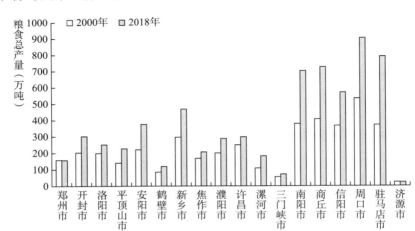

图 4－2　2000 年和 2018 年河南省各地市粮食总产量对比

在粮食总产量增加的 16 个地市中，就增量而言，驻马店市增加最多，为 418.96 万吨；增量超过 300 万吨的地市还有周口市、南阳市和商丘市，分别为 369.55 万吨、322.79 万吨和 317.52 万吨。就增幅而言，驻马店市的增幅最大，为 113.27%；平顶山市、安阳市、新乡市、漯河市、南阳市、信阳市、周口市和商丘市的增幅均超过了 50%（见表 4－2）。

就区域而言，豫南、豫东和豫北地区的粮食总产量增加较多，分别增加 944.23 万吨、785.73 万吨和 486.23 万吨，增幅分别为 84.78%、68.85% 和 49.03%。豫中和豫西地区的粮食总产量增加较少，分别增加 207.74 万吨和 67.67 万吨，增幅分别为 31.65% 和 26.55%（见表 4－2）。

表 4－2　2000 年和 2018 年河南省各地市粮食总产量比较

单位：万吨，%

地区	地市	粮食总产量		变化情况	
		2000 年	2018 年	增长量	增长率
豫北地区	安阳市	220.48	375.20	154.72	70.17
	新乡市	295.36	467.64	172.28	58.33
	焦作市	167.39	206.28	38.89	23.23
	濮阳市	199.53	287.11	87.58	43.89

续表

地区	地市	粮食总产量		变化情况	
		2000 年	2018 年	增长量	增长率
豫北地区	鹤壁市	85.12	118.60	33.48	39.33
	济源市	23.90	23.19	-0.71	-2.98
	小计	991.78	1478.01	486.23	49.03
豫中地区	郑州市	158.69	157.35	-1.34	-0.84
	漯河市	108.60	181.50	72.90	67.13
	许昌市	248.89	297.95	49.06	19.71
	平顶山市	140.28	227.40	87.12	62.10
	小计	656.46	864.20	207.74	31.65
豫东地区	开封市	202.47	301.13	98.66	48.73
	商丘市	406.33	723.85	317.52	78.14
	周口市	532.35	901.90	369.55	69.42
	小计	1141.15	1926.88	785.73	68.85
豫西地区	洛阳市	199.00	250.54	51.54	25.90
	三门峡市	55.85	71.98	16.13	28.89
	小计	254.85	322.52	67.67	26.55
豫南地区	南阳市	378.05	700.84	322.79	85.38
	驻马店市	369.89	788.85	418.96	113.27
	信阳市	365.82	568.30	202.48	55.35
	小计	1113.76	2057.99	944.23	84.78

二 农作物播种面积

1. 农作物播种面积现状分析

2018 年，河南省农作物播种面积为 1476.906 万公顷。在全省 18 个地市中，南阳市的农作物播种面积最大，为 201.198 万公顷，占全省农作物播种面积的 13.63%；其次是周口市，农作物播种面积为 185.725 万公顷，占全省农作物播种面积的 12.58%；居第 3 位的是驻马店市，农作物播种面积为 179.568 万公顷，占全省农作物播种面积的 12.16%。农作物播种面积最小的地市是济源市，仅有 5.130 万公顷，占全省农作物播种面积的 0.35%（见表 4-3）。

表 4 - 3   2018 年河南省各地市农作物播种面积及占比

单位：千公顷，%

地市	农作物播种面积	占全省农作物播种面积比例
郑州市	423.29	2.87
开封市	855.72	5.80
洛阳市	679.72	4.60
平顶山市	555.00	3.76
安阳市	763.04	5.17
鹤壁市	197.96	1.34
新乡市	876.30	5.94
焦作市	354.19	2.40
濮阳市	531.48	3.60
许昌市	581.53	3.94
漯河市	365.47	2.48
三门峡市	254.44	1.72
南阳市	2011.98	13.63
商丘市	1447.47	9.81
信阳市	1160.03	7.86
周口市	1857.25	12.58
驻马店市	1795.68	12.16
济源市	51.30	0.35

2. 时序特征分析

由图 4 - 3 可以看出，2000 ~ 2018 年，河南省农作物播种面积呈波动

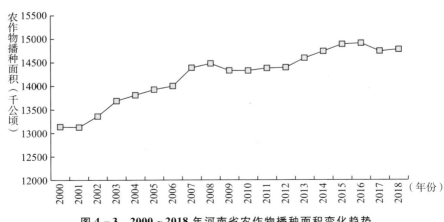

图 4 - 3   2000 ~ 2018 年河南省农作物播种面积变化趋势

上升趋势，由 1313.691 万公顷增加到 1476.906 万公顷，增加了 163.215
万公顷，年均增加 9.068 万公顷。其中，2001～2008 年增加较快，净增加
134.575 万公顷，年均增加 19.225 万公顷；2008 年以后增速放缓，2008～
2018 年增加了 29.561 万公顷，年均增加 2.956 万公顷。河南省农作物播
种面积的稳定增加为粮食种植面积的增加提供了保障，也保证了粮食总产
量稳定增长。

3. 空间特征分析

由表 4-4 可以看出，相比 2000 年，2018 年的农作物播种面积除郑州
市、漯河市和济源市有所减少外，其余地市均有一定程度的增加。在农作
物播种面积增加的 15 个地市中，就增量而言，南阳市的增量最大，为
31.906 万公顷；其次是驻马店市和周口市，分别增加 28.973 万公顷和
28.507 万公顷；增量超过 10 万公顷的地市还有开封市、安阳市、新乡市、
商丘市、信阳市。增量最小的地市是许昌市，为 0.632 万公顷。就增幅而
言，新乡市的增幅最大，为 27.56%；其次是驻马店市和开封市，分别为
19.24% 和 19.21%。增幅最小的地市是许昌市，为 1.10%。

在农作物播种面积减少的 3 个地市中，郑州市减少最多，为 11.246 万
公顷，减幅为 20.99%；济源市减少 0.806 万公顷，减幅为 13.58%；漯河
市减少 0.663 万公顷，减幅为 1.78%。

就区域而言，豫南地区的农作物播种面积增加最多，为 73.496 万公顷，
增幅为 17.36%；其次是豫东和豫北地区，分别增加 59.976 万公顷和
42.252 万公顷，增幅分别为 16.84% 和 17.97%；豫西地区增加最少，为
8.964 万公顷，增幅为 10.61%。豫中地区的农作物播种面积减少 5.675 万
公顷，减幅为 2.86%。

表 4-4　2000 年和 2018 年河南省各地市农作物播种面积比较

单位：千公顷，%

地区	地市	农作物播种面积		变化情况	
		2000 年	2018 年	增长量	增长率
豫北地区	安阳市	656.73	763.04	106.31	16.19
	新乡市	686.99	876.30	189.31	27.56
	焦作市	298.44	354.19	55.75	18.68

地区	地市	农作物播种面积		变化情况	
		2000 年	2018 年	增长量	增长率
豫北地区	濮阳市	462.43	531.48	69.05	14.93
	鹤壁市	187.80	197.96	10.16	5.41
	济源市	59.36	51.30	-8.06	-13.58
	小计	2351.75	2774.27	422.52	17.97
豫中地区	郑州市	535.75	423.29	-112.46	-20.99
	漯河市	372.10	365.47	-6.63	-1.78
	许昌市	575.21	581.53	6.32	1.10
	平顶山市	498.98	555.00	56.02	11.23
	小计	1982.04	1925.29	-56.75	-2.86
豫东地区	开封市	717.85	855.72	137.87	19.21
	商丘市	1270.65	1447.47	176.82	13.92
	周口市	1572.18	1857.25	285.07	18.13
	小计	3560.68	4160.44	599.76	16.84
豫西地区	洛阳市	598.41	679.72	81.31	13.59
	三门峡市	246.11	254.44	8.33	3.38
	小计	844.52	934.16	89.64	10.61
豫南地区	南阳市	1692.92	2011.98	319.06	18.85
	驻马店市	1505.95	1795.68	289.73	19.24
	信阳市	1033.86	1160.03	126.17	12.20
	小计	4232.73	4967.69	734.96	17.36

三 第一产业增加值占地区生产总值比重

1. 第一产业增加值占地区生产总值比重现状分析

2018 年，河南省第一产业增加值为 4289.38 亿元，占河南省地区生产总值的 8.93%，全国排第 3 名，仅次于山东省和四川省。在全省 18 个地市中，南阳市的第一产业增加值最多，为 524.02 亿元，占全省第一产业增加值的 12.45%，占该市生产总值的 14.69%；其次是周口市，第一产业增加值为 448.97 亿元，占全省第一产业增加值的 10.67%，占该市生产总值的 16.71%；居第 3 位的是信阳市，第一产业增加值为 446.28 亿元，占全

省第一产业增加值的 10.60%，占该市生产总值的 18.69%。第一产业增加
值最少的地市是济源市，仅有 18.87 亿元，占全省第一产业增加值的
0.45%，占该市生产总值的 2.94%。

　　第一产业增加值占地区生产总值比重最大的地市是信阳市，比重为
18.69%；其次是驻马店市和周口市，比重分别为 17.41% 和 16.71%。第
一产业增加值占地区生产总值比重最小的地市是郑州市，比重为 1.45%；
其次是济源市和洛阳市，比重分别为 2.94% 和 5.11%（见表 4 - 5）。

表 4 - 5　2018 年河南省各地市第一产业增加值及占比

单位：亿元，%

地市	第一产业增加值	地区生产总值	第一产业增加值占地区生产总值比重	第一产业增加值占全省第一产业增加值比重
郑州市	147.05	10143.32	1.45	3.49
开封市	273.20	2002.23	13.64	6.49
洛阳市	237.07	4640.78	5.11	5.63
平顶山市	160.70	2135.23	7.53	3.82
安阳市	195.10	2393.22	8.15	4.63
鹤壁市	60.05	861.90	6.97	1.43
新乡市	226.29	2526.55	8.96	5.38
焦作市	134.92	2371.50	5.69	3.21
濮阳市	163.93	1654.47	9.91	3.89
许昌市	148.38	2830.62	5.24	3.53
漯河市	110.98	1236.66	8.97	2.64
三门峡市	119.09	1528.12	7.79	2.83
南阳市	524.02	3566.77	14.69	12.45
商丘市	381.84	2389.04	15.98	9.07
信阳市	446.28	2387.80	18.69	10.60
周口市	448.97	2687.22	16.71	10.67
驻马店市	412.58	2370.32	17.41	9.80
济源市	18.87	641.84	2.94	0.45

2. 时序特征分析

　　由图 4 - 4 可以看出，2000 ~ 2018 年，河南省第一产业增加值占地

区生产总值比重大体上呈下降的趋势，由 22.99% 下降到 8.93%，减少了 14.06 个百分点。其中，2003～2004 年有小幅度的上升，由 17.45% 上升到 19.22%，随后便一直处于下降趋势。在 2006 年后，该比重下降速度趋于平缓，因此，河南省作为农业大省，应积极发展农村特色经济，促进农业结构优化升级，提高农业社会化服务质量，促进第一产业的发展。

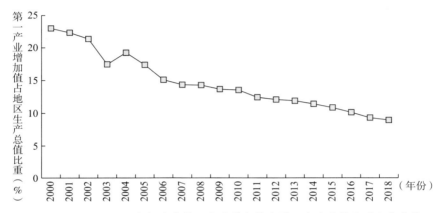

图 4 - 4   2000～2018 年河南省第一产业增加值占地区生产总值比重变化趋势

3. 空间特征分析

相比 2000 年，2018 年河南省各地市第一产业增加值占地区生产总值比重均处于下降趋势。下降最多的地市是商丘市，下降了 27.01 个百分点；其次是周口市，下降了 22.50 个百分点；下降超过 10 个百分点的地市还有开封市、安阳市、鹤壁市、新乡市、焦作市、濮阳市、许昌市、漯河市、南阳市、信阳市和驻马店市。就降幅而言，下降最多的地市是济源市，降幅为 76.09%；其次是许昌市，降幅为 75.20%；降幅大于 50% 的地市还有开封市、平顶山市、安阳市、鹤壁市、新乡市、焦作市、濮阳市、郑州市、漯河市、南阳市、商丘市和周口市；降幅最小的地市为三门峡市，降幅为 41.72%（见表 4 - 6）。

就区域而言，豫东地区的第一产业增加值占地区生产总值比重下降最多，为 22.99 个百分点，降幅为 59.58%；其次是豫南和豫北地区，分别下降 15.53 个百分点和 12.97 个百分点，降幅分别为 48.32% 和 62.91%；下降最少的是豫西地区，为 4.68 个百分点，降幅为 44.79%（见表 4 - 6）。

表 4 - 6　2000 年和 2018 年河南省各地市第一产业增加值占地区生产总值比重比较

地区	地市	第一产业增加值占地区生产总值比重（%）		变化情况	
		2000 年	2018 年	增长量（百分点）	增长率（%）
豫北地区	安阳市	20.79	8.15	- 12.64	- 60.78
	新乡市	23.87	8.96	- 14.91	- 62.47
	焦作市	17.15	5.69	- 11.46	- 66.83
	濮阳市	21.48	9.91	- 11.57	- 53.87
	鹤壁市	22.46	6.97	- 15.50	- 68.98
	济源市	12.30	2.94	- 9.36	- 76.09
	小计	20.62	7.65	- 12.97	- 62.91
豫中地区	郑州市	5.75	1.45	- 4.30	- 74.77
	漯河市	23.35	8.97	- 14.37	- 61.56
	许昌市	21.14	5.24	- 15.89	- 75.20
	平顶山市	15.12	7.53	- 7.59	- 50.22
	小计	12.52	3.47	- 9.05	- 72.28
豫东地区	开封市	32.04	13.64	- 18.40	- 57.41
	商丘市	42.99	15.98	- 27.01	- 62.82
	周口市	39.21	16.71	- 22.50	- 57.39
	小计	38.58	15.60	- 22.99	- 59.58
豫西地区	洛阳市	9.30	5.11	- 4.19	- 45.05
	三门峡市	13.37	7.79	- 5.58	- 41.72
	小计	10.46	5.77	- 4.68	- 44.79
豫南地区	南阳市	29.58	14.69	- 14.89	- 50.33
	驻马店市	33.98	17.41	- 16.57	- 48.77
	信阳市	35.27	18.69	- 16.58	- 47.01
	小计	32.14	16.61	- 15.53	- 48.32

四　劳动生产率

1. 劳动生产率现状分析

2018 年，河南省的劳动生产率为 1.81 万元/人，仅相当于全国平均水平的 60% 左右。在全省 18 个地市中，开封市的劳动生产率最高，为 2.08 万元/人；其次是信阳市，劳动生产率为 1.99 万元/人；居第 3 位的是焦作市，劳动生产率为 1.93 万元/人。其他高于河南省劳动生产率的地市有鹤壁市、新乡市、三门峡市和商丘市。劳动生产率最低的地市是平顶山市，仅为 1.05 万元/人（见图 4 - 5）。

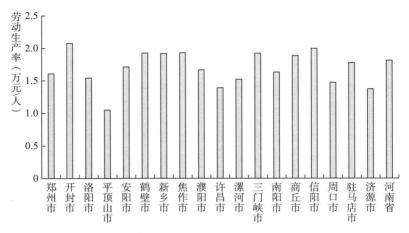

图 4 - 5 2018 年河南省及各地市劳动生产率对比

2. 时序特征分析

由图 4 - 6 可以看出，2000～2018 年，河南省的劳动生产率总体在上升，增长幅度较大，由 0.33 万元/人增加到 1.81 万元/人，增加了 1.48 万元/人，年均增加 0.08 万元/人。2000～2003 年劳动生产率总体平稳，基本保持在 0.35 万元/人左右；2003～2013 年呈直线上升趋势，增速较快，由 0.36 万元/人增加到 1.49 万元/人，增加了 1.13 万元/人，年均增加

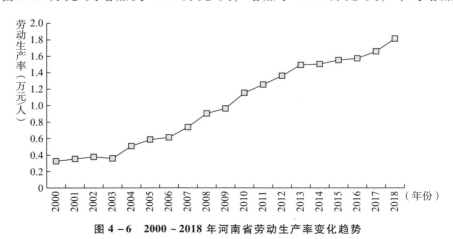

图 4 - 6 2000～2018 年河南省劳动生产率变化趋势

0.11 万元/人。2013 年之后，增速放缓，由 2013 年的 1.49 万元/人增加到 2018 年的 1.81 万元/人，增加了 0.32 万元/人，年均增加 0.06 万元/人。虽然在近 20 年间河南省的劳动生产率处于上涨状态，但是增长的速度整体并不是很快，需要进行进一步的优化。

3. 空间特征分析

由表 4 - 7 可知，2018 年河南省各地市的劳动生产率较 2000 年均有所上升。就增量而言，排前 3 名的是开封市、信阳市和三门峡市，分别增加 1.69 万元/人、1.64 万元/人和 1.61 万元/人；增量最小的地市是平顶山市，为 0.83 万元/人，其余地市大多超过 1.00 万元/人。就增幅而言，洛阳市的增幅最大，为 768.08%；其次是驻马店市和安阳市，增幅分别为 589.15% 和 532.52%。增幅较小的地市是漯河市、许昌市和济源市，分别为 234.82%、261.97% 和 275.97%。其余地市的增幅均超过 300%。

就区域而言，豫北和豫南地区的劳动生产率增量最大，均增加 1.46 万元/人，增幅分别为 442.90% 和 453.70%；豫中地区的劳动生产率增加最小，为 1.02 万元/人，增幅为 323.11%。

表 4 - 7　2000 年和 2018 年河南省各地市劳动生产率比较

单位：万元/人，%

地区	地市	劳动生产率		变化情况	
		2000 年	2018 年	增长量	增长率
豫北地区	安阳市	0.27	1.71	1.44	532.52
	新乡市	0.34	1.92	1.58	462.32
	焦作市	0.41	1.93	1.52	373.94
	濮阳市	0.32	1.66	1.34	417.71
	鹤壁市	0.39	1.92	1.53	394.73
	济源市	0.36	1.37	1.01	275.97
	小计	0.33	1.79	1.46	442.90
豫中地区	郑州市	0.28	1.61	1.32	466.51
	漯河市	0.45	1.52	1.07	234.82
	许昌市	0.38	1.39	1.00	261.97
	平顶山市	0.22	1.05	0.83	376.45
	小计	0.32	1.33	1.02	323.11

地区	地市	劳动生产率		变化情况	
		2000 年	2018 年	增长量	增长率
豫东地区	开封市	0.39	2.08	1.69	436.54
	商丘市	0.38	1.88	1.50	390.13
	周口市	0.32	1.47	1.15	364.83
	小计	0.35	1.73	1.37	387.59
豫西地区	洛阳市	0.18	1.54	1.36	768.08
	三门峡市	0.31	1.92	1.61	514.76
	小计	0.21	1.65	1.44	683.21
豫南地区	南阳市	0.36	1.63	1.27	357.78
	驻马店市	0.26	1.77	1.52	589.15
	信阳市	0.35	1.99	1.64	464.22
	小计	0.32	1.78	1.46	453.70

五　土地产出率

1. 土地产出率现状分析

2018 年，河南省的土地产出率为 52576.95 元/公顷，远低于广东、江苏、山东等省份。在全省 18 个地市中，焦作市的土地产出率最高，为 68594.47 元/公顷；其次是三门峡市，土地产出率为 66263.34 元/公顷；居第 3 位的是开封市，土地产出率为 65352.97 元/公顷。其他高于河南省土地产出率的地市有洛阳市、濮阳市、漯河市、商丘市。土地产出率最低的地市是济源市，仅为 40975.87 元/公顷（见图 4 - 7）。

2. 时序特征分析

由图 4 - 8 可以看出，2000 ~ 2018 年河南省土地产出率总体呈上升态势，由 16895.09 元/公顷增加到 52576.95 元/公顷，增加了 35681.86 元/公顷，年均增加 1982.33 元/公顷。2000 ~ 2003 年总体平稳，由 16895.09 元/公顷降低到 16692.20 元/公顷，减少了 202.89 元/公顷，年均减少 67.63 元/公顷。2003 ~ 2008 年呈快速上升趋势，由 16692.20 元/公顷增加到 35764.35 元/公顷，增加了 19072.15 元/公顷，年均增加 3814.43 元/公顷。2008 ~ 2009 年河南省土地产出率呈下降趋势，减少了 3224.59 元/公顷。2009 年

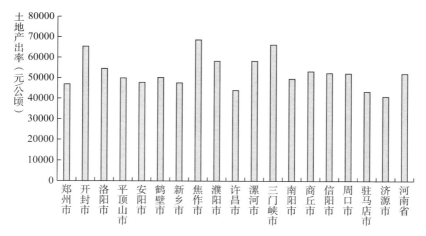

图 4 - 7　2018 年河南省及各地市土地产出率对比

之后，处于缓慢上升趋势，由 2009 年的 32539.76 元/公顷增加到 2018 年的 52576.95 元/公顷，增加了 20037.19 元/公顷，年均增加 2226.35 元/公顷。由此可以看出，河南省的土地产出率虽总体在提高，但相比发达地区，还是有很大的差距，需要进行不断的完善。

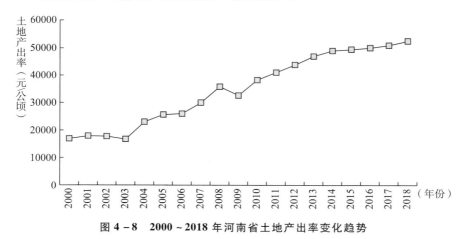

图 4 - 8　2000 ~ 2018 年河南省土地产出率变化趋势

3. 空间特征分析

由表 4 - 8 可知，2018 年河南省各地市的土地产出率较 2000 年均有所上升。就增量而言，三门峡市上升最多，为 5.17 万元/公顷；其次是焦作市，为 4.58 万元/公顷；此外，增量超过 4.00 万元/公顷的地市还有开封市、洛阳市和濮阳市，分别上升了 4.54 万元/公顷、4.44 万元/公顷和

4.05 万元/公顷；增量最小的地市是济源市，仅为 2.02 万元/公顷。就增幅而言，洛阳市的增幅最大，为 438.35%；其次是三门峡市，为 356.30%；济源市的增幅最小，为 96.87%。

就区域而言，豫西地区的土地产出率增量最大，为 4.66 万元/公顷，增幅为 409.11%；其余地区的增量均保持在 3.50 万元/公顷左右。

表 4-8　2000 年和 2018 年河南省各地市土地产出率比较

单位：万元/公顷，%

地区	地市	土地产出率		变化情况	
		2000 年	2018 年	增长量	增长率
豫北地区	安阳市	1.46	4.77	3.31	226.14
	新乡市	1.78	4.76	2.97	166.60
	焦作市	2.28	6.86	4.58	200.84
	濮阳市	1.78	5.83	4.05	227.30
	鹤壁市	1.93	5.02	3.09	160.53
	济源市	2.08	4.10	2.02	96.87
	小计	1.78	5.23	3.45	194.08
豫中地区	郑州市	1.45	4.68	3.23	222.46
	漯河市	2.32	5.83	3.52	151.97
	许昌市	2.02	4.39	2.37	117.79
	平顶山市	1.35	4.98	3.64	269.74
	小计	1.72	4.87	3.15	183.49
豫东地区	开封市	1.99	6.54	4.54	228.02
	商丘市	1.98	5.33	3.35	169.24
	周口市	1.73	5.23	3.50	202.18
	小计	1.87	5.54	3.67	195.77
豫西地区	洛阳市	1.01	5.46	4.44	438.35
	三门峡市	1.45	6.63	5.17	356.30
	小计	1.14	5.80	4.66	409.11
豫南地区	南阳市	1.76	4.96	3.21	182.36
	驻马店市	1.16	4.33	3.17	273.07
	信阳市	1.78	5.25	3.47	195.42
	小计	1.54	4.84	3.30	213.90

六　单位面积农业产值

1. 单位面积农业产值现状分析

2018 年，河南省农业生产总值为 7757.94 亿元，仅次于山东省，居全国第 2 位，单位面积农业产值为 52055.13 元/公顷。在全省 18 个地市中，三门峡市的单位面积农业产值最高，为 81516.27 元/公顷；其次是焦作市，单位面积农业产值为 71199.07 元/公顷；居第 3 位的是信阳市，单位面积农业产值为 71077.47 元/公顷。其他高于河南省单位面积农业产值的地市有郑州市、开封市、洛阳市、平顶山市、鹤壁市、漯河市、濮阳市和济源市。单位面积农业产值最低的地市是驻马店市，仅为 42623.96 元/公顷（见图 4 - 9）。

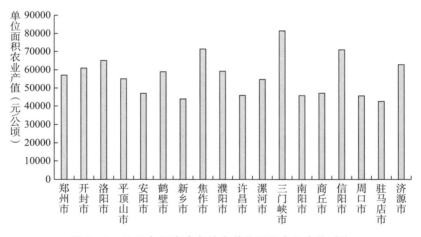

图 4 - 9　2018 年河南省各地市单位面积农业产值对比

2. 时序特征分析

由图 4 - 10 可以看出，2000～2018 年河南省的单位面积农业产值总体呈上升态势。由 2000 年的 15057.63 元/公顷增加到 2018 年的 52055.13 元/公顷，增加了 36997.50 元/公顷，年均增加 2055.42 元/公顷。其中，2002～2003 年出现小幅下降，由 16814.64 元/公顷降低到 16186.78 元/公顷，降低了 627.86 元/公顷。2003 年之后总体呈快速上涨态势，由 2003 年的 16186.78 元/公顷增加到 2018 年的 52055.13 元/公顷，增加了 35868.35 元/公顷，年均增加 2391.22 元/公顷。

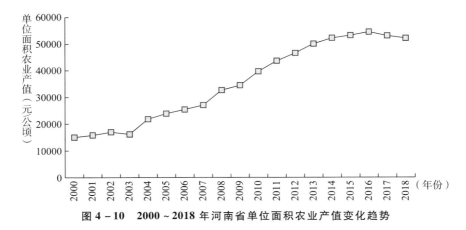

图 4 - 10　2000 ~ 2018 年河南省单位面积农业产值变化趋势

3. 空间特征分析

由表 4 - 9 可以看出，2018 年河南省各地市的单位面积农业产值较 2000 年均有所上升。就增量而言，增加最多的地市是三门峡市，为 6.62 万元/公顷；其次为信阳市和洛阳市，分别是 5.64 万元/公顷和 5.39 万元/公顷；增量超过 4.00 万元/公顷的地市还有焦作市、开封市、郑州市、濮阳市、鹤壁市和平顶山市，分别为 4.79 万元/公顷、4.37 万元/公顷、4.33 万元/公顷、4.21 万元/公顷、4.14 万元/公顷和 4.11 万元/公顷。增量最少的地市是许昌市，为 2.74 万元/公顷；其次是新乡市，为 2.76 万元/公顷。就增幅而言，增幅最大的地市是洛阳市，为 482.67%；其次是三门峡市，为 431.88%。增幅最小的地市是许昌市，为 148.27%。

就区域而言，豫西地区的单位面积农业产值增量最大，为 5.72 万元/公顷，增幅为 461.82%；其余地区的增量均保持在 3.50 万元/公顷左右。

表 4 - 9　2000 年和 2018 年河南省各地市单位面积农业产值比较

单位：万元/公顷，%

地区	地市	单位面积农业产值		变化情况	
		2000 年	2018 年	增长量	增长率
豫北地区	安阳市	1.38	4.70	3.31	239.61
	新乡市	1.63	4.39	2.76	168.88
	焦作市	2.33	7.12	4.79	204.95
	濮阳市	1.69	5.90	4.21	248.31
	鹤壁市	1.74	5.89	4.14	237.86
	济源市	2.30	6.27	3.97	172.68
	小计	1.69	5.25	3.56	210.93

续表

地区	地市	单位面积农业产值		变化情况	
		2000 年	2018 年	增长量	增长率
豫中地区	郑州市	1.37	5.70	4.33	317.23
	漯河市	1.73	5.47	3.74	216.65
	许昌市	1.85	4.58	2.74	148.27
	平顶山市	1.38	5.49	4.11	297.17
	小计	1.58	5.26	3.68	233.39
豫东地区	开封市	1.74	6.11	4.37	252.04
	商丘市	1.62	4.71	3.08	190.22
	周口市	1.45	4.56	3.12	215.40
	小计	1.57	4.93	3.36	214.61
豫西地区	洛阳市	1.12	6.51	5.39	482.67
	三门峡市	1.53	8.15	6.62	431.88
	小计	1.24	6.96	5.72	461.82
豫南地区	南阳市	1.56	4.59	3.03	193.98
	驻马店市	1.09	4.26	3.17	290.84
	信阳市	1.47	7.11	5.64	382.99
	小计	1.37	5.06	3.69	268.82

第二节 河南省农业竞争力水平评价结果分析

一 2000~2018 年河南省农业竞争力水平评价结果分析

从图 4-11 中农业竞争力水平评价结果来看，河南省农业竞争力水平评价分值整体呈现先降低后上升的趋势，从 2000 年起，在 2003 年达到最低值（0.1571），2003~2018 年总体呈上升趋势。由图可以看出，农业竞争力水平评价指标中粮食总产量、农作物播种面积、劳动生产率、土地产出率和单位面积农业产值的整体变化趋势与总评价结果趋于一致，但第一产业增加值占地区生产总值比重总体呈下降趋势，阻碍了农业竞争力水平的提升。

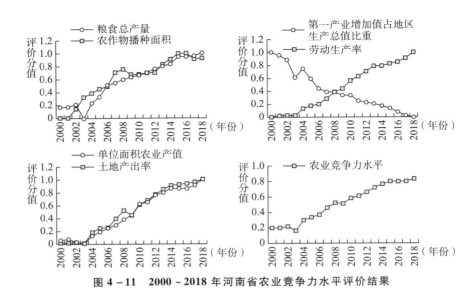

图 4－11　2000～2018 年河南省农业竞争力水平评价结果

二　河南省各地市农业竞争力水平空间特征分析

从表 4－10、图 4－12 中的评价结果来看，河南省 18 个地市之间农业竞争力水平空间差异比较明显。2018 年，河南省各地市农业竞争力水平评价分值排前 3 名的是信阳市、周口市和商丘市，分别为 0.70 分、0.65 分和 0.63 分；评价分值排后 3 名的是济源市、许昌市和郑州市，分别为 0.14 分、0.23 分和 0.24 分。

对比 2000 年和 2018 年河南省各地市农业竞争力水平评价结果，在河南省的 18 个地市中有 8 个地市 2018 年的农业竞争力水平评价分值高于 2000 年，分别是开封市、洛阳市、平顶山市、安阳市、濮阳市、三门峡市、信阳市和驻马店市，其余地市 2018 年较 2000 年的农业竞争力水平评价分值均有所降低。

就农业竞争力水平评价分值提高的地市而言，增量最大的是三门峡市，增加 0.26 分，排名由 2000 年的第 16 名上升到 2018 年的第 7 名；其次是洛阳市，增加了 0.23 分，排名由第 18 名上升到第 11 名；再次是驻马店市，增加了 0.12 分，排名由第 10 名上升到第 5 名。就农业竞争力水平评价分值减少的地市而言，减少最多的是许昌市，减少了 0.30 分，排名由第 7 名下降到第 17 名；其次是济源市，减少了 0.26 分，排名由第 13 名下降到第 18 名。

表 4-10　2000 年和 2018 年河南省各地市农业竞争力水平评价结果

地市	2000 年		2018 年		增长量（分）
	分值	排名	分值	排名	
郑州市	0.25	15	0.24	16	-0.02
开封市	0.56	5	0.61	6	0.04
洛阳市	0.15	18	0.38	11	0.23
平顶山市	0.23	17	0.25	15	0.01
安阳市	0.35	14	0.36	12	0.01
鹤壁市	0.41	12	0.32	14	-0.08
新乡市	0.50	9	0.42	10	-0.08
焦作市	0.55	6	0.50	8	-0.05
濮阳市	0.42	11	0.43	9	0.01
许昌市	0.53	7	0.23	17	-0.30
漯河市	0.52	8	0.34	13	-0.18
三门峡市	0.24	16	0.50	7	0.26
南阳市	0.67	3	0.61	4	-0.06
商丘市	0.74	1	0.63	3	-0.10
信阳市	0.60	4	0.70	1	0.10
周口市	0.72	2	0.65	2	-0.07
驻马店市	0.49	10	0.61	5	0.12
济源市	0.40	13	0.14	18	-0.26

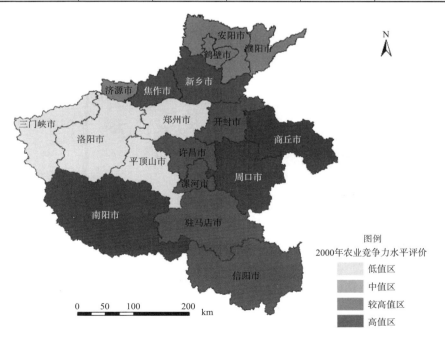

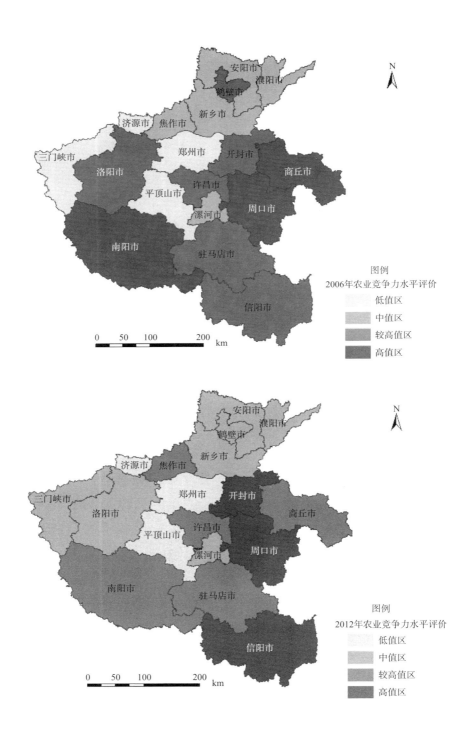

图例
2018年农业竞争力水平评价

　　低值区
　　中值区
　　较高值区
　　高值区

图 4 - 12　部分年份河南省各地市农业竞争力水平评价结果空间分布变化

1. 粮食总产量

如表 4 - 11 所示，从河南省各地市 2000 年和 2018 年粮食总产量评价分值排名对比来看，有 10 个地市的评分分值排名存在变动，其中评价分值排名上升的地市有开封市、平顶山市、安阳市、漯河市和驻马店市，排名上升最快的地市是驻马店市、平顶山市，分别由 2000 年的第 4 名、第 14 名上升为 2018 年的第 2 名、第 12 名，其余地市的排名变化幅度不大。评价分值排名下降的地市有郑州市、焦作市、许昌市、南阳市和商丘市，许昌市、郑州市的下降幅度最大，分别由 2000 年的第 7 名、第 13 名下降到 2018 年的第 9 名、第 15 名；其余地市下降幅度不大。

2. 农作物播种面积

如表 4 - 11 所示，从河南省各地市 2000 年和 2018 年农作物播种面积评价分值排名对比来看，大部分地市的排名保持稳定，只有 5 个地市有小幅变动。其中，郑州市的农作物播种面积评价分值排名由 2000 年的第 11 名下降到 2018 年的第 13 名，开封市由第 6 名下降到第 7 名；平顶山市、新乡市和濮阳市均上升 1 个名次。

3. 第一产业增加值占地区生产总值比重

如表 4-11 所示，从河南省各地市 2000 年和 2018 年第一产业增加值占地区生产总值比重评价分值排名对比来看，除郑州市和漯河市的排名保持不变外，其余地市均有所变化。在评价分值排名上升的地市中，三门峡市上升最快，由 2000 年的第 15 名上升为 2018 年的第 11 名；其次是濮阳市，由 2000 年的第 10 名上升为 2018 年的第 7 名；再次是信阳市、驻马店市、安阳市、平顶山市，均上升 2 个名次；最后是南阳市、洛阳市，均上升 1 个名次。在评价分值排名下降的地市中，许昌市、鹤壁市下降最快，分别由 2000 年的第 11 名、第 9 名下降到 2018 年的第 15 名、第 13 名；其次是商丘市，由 2000 年的第 1 名下降到 2018 年的第 4 名；其余地市的下降幅度不大。

4. 劳动生产率

如表 4-11 所示，从河南省各地市 2000 年和 2018 年劳动生产率评价分值排名对比来看，各地市变动幅度较大。在评价分值排名上升的地市中，三门峡市、驻马店市上升最快，分别由 2000 年的第 13 名、第 16 名上升为 2018 年的第 5 名、第 8 名；其次是信阳市，由 2000 年的第 9 名上升为 2018 年的第 2 名。在评价分值排名下降的地市中，漯河市下降最快，由 2000 年的第 1 名下降到 2018 年的第 14 名；其次是许昌市、济源市，分别由 2000 年的第 6 名、第 7 名下降到 2018 年的第 16 名、第 17 名；其余地市的下降幅度不大。

5. 土地产出率

如表 4-11 所示，从河南省各地市 2000 年和 2018 年土地产出率评价分值排名对比来看，除郑州市、安阳市和驻马店市的排名保持不变外，其余地市均有所变化。在评价分值排名上升的地市中，三门峡市、洛阳市上升最快，分别由 2000 年的第 14 名、第 18 名上升为 2018 年的第 2 名、第 6 名；此外，平顶山市和濮阳市也上升较快。在评价分值排名下降的地市中，济源市下降最快，由 2000 年的第 3 名下降到 2018 年的第 18 名；其次是许昌市，由 2000 年的第 4 名下降到 2018 年的第 16 名；再次是新乡市，由 2000 年的第 8 名下降到 2018 年的第 14 名；其余地市的下降幅度不大。

6. 单位面积农业产值

如表 4-11 所示，从河南省各地市 2000 年和 2018 年单位面积农业产值评价分值排名对比来看，除濮阳市和驻马店市的排名保持不变外，其余地市均有所变化。在评价分值排名上升的地市中，洛阳市上升最快，由 2000 年的第 17 名上升为 2018 年的第 4 名；其次是三门峡市，由 2000 年的第 11 名上升为 2018 年的第 1 名；此外，信阳市、郑州市和平顶山市也上升较快。在评价分值排名下降的地市中，许昌市下降最快，由 2000 年的第 3 名下降到 2018 年的第 15 名；其次是新乡市，由 2000 年的第 8 名下降到 2018 年的第 17 名；此外，漯河市、南阳市和鹤壁市也下降较快。

表 4－11　2000 年和 2018 年河南省各地市农业竞争力水平评价分值排名

地市	粮食总产量		农作物播种面积		第一产业增加值占地区生产总值比重		劳动生产率		土地产出率		单位面积农业产值	
	2000 年	2018 年	2000 年	2018 年	2000 年	2018 年	2000 年	2018 年	2000 年	2018 年	2000 年	2018 年
郑州市	13	15	11	13	18	18	14	12	15	15	16	9
开封市	9	8	6	7	5	6	4	1	5	3	5	6
洛阳市	11	11	9	9	17	16	18	13	18	6	17	4
平顶山市	14	12	12	11	14	12	17	18	16	11	15	10
安阳市	8	7	8	8	12	10	15	9	13	13	14	13
鹤壁市	16	16	17	17	9	13	3	4	7	10	4	8
新乡市	6	6	7	6	7	9	10	6	8	14	8	17
焦作市	12	13	15	15	13	14	2	3	2	1	1	2
濮阳市	10	10	13	12	10	7	11	10	9	5	7	7
许昌市	7	9	10	10	11	15	6	16	4	16	3	15
漯河市	15	14	14	14	8	8	1	14	1	4	6	11
三门峡市	17	17	16	16	15	11	13	5	14	2	11	1
南阳市	3	4	1	1	6	5	8	11	11	12	10	14
商丘市	2	3	4	4	1	4	5	7	6	7	9	12
信阳市	5	5	5	5	3	1	9	2	10	8	12	3
周口市	1	1	2	2	2	3	12	15	12	9	13	16
驻马店市	4	2	3	3	4	2	16	8	17	17	18	18
济源市	18	18	18	18	16	17	7	17	3	18	2	5

第五章 农业可持续发展水平评价

第一节 河南省农业可持续发展水平影响因素分析

一 农药施用强度

1. 农药施用强度现状分析

2018 年，河南省农药施用强度为 76.92 吨/万公顷。在全省 18 个地市中，焦作市的农药施用强度最高，为 108.98 吨/万公顷；其次是三门峡市，农药施用强度为 106.86 吨/万公顷；居第 3 位的是商丘市，农药施用强度为 101.36 吨/万公顷。其他高于河南省农药施用强度的地市有信阳市、济源市、新乡市和周口市，分别为 98.98 吨/万公顷、98.25 吨/万公顷、98.14 吨/万公顷和 96.13 吨/万公顷。农药施用强度最低的地市是驻马店市，仅为 43.47 吨/万公顷（见图 5 - 1）。

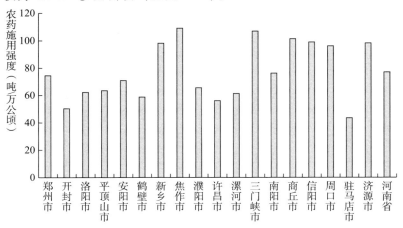

图 5 - 1 2018 年河南省及各地市农药施用强度对比

2. 时序特征分析

由图 5 - 2 可以看出，河南省的农药施用强度在 2000 ~ 2018 年呈两升两降的大小"双峰"状，整体呈先升后降趋势。2003 年为农药施用强度最低值，达 72. 13 吨/万公顷。2011 年农药施用强度达到最高值，为 89. 54吨/万公顷，之后河南省农药施用强度呈下降趋势。2018 年河南省农药施用强度下降到 2006 年之前的水平。

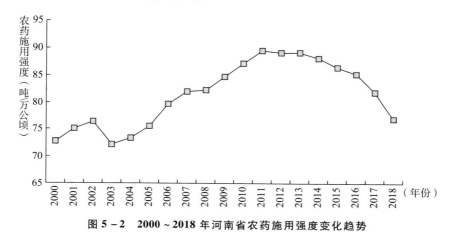

图 5 - 2　2000 ~ 2018 年河南省农药施用强度变化趋势

3. 空间特征分析

由表 5 - 1 可以看出，2018 年河南省农药施用强度较 2000 年大部分呈增加趋势，增加的地市有 12 个，其余地市均有所减少。

在农药施用强度增加的地市中，增量最多的是信阳市，为 40. 62 吨/万公顷；其次是三门峡市和平顶山市，分别为 30. 07 吨/万公顷和 22. 95 吨/万公顷。增量最少的是漯河市，为 5. 26 吨/万公顷。就增幅而言，排前 3 名的是信阳市、平顶山市和驻马店市，分别为 69. 59%、56. 65% 和 40. 12%；增幅最小的是焦作市，为 8. 09%。

在农药施用强度减少的 6 个地市中，周口市减少最多，为 32. 44 吨/万公顷，降幅为 25. 23%；其次是开封市和鹤壁市，分别减少 23. 77 吨/万公顷和 22. 66 吨/万公顷，降幅分别为 32. 07% 和 27. 86%。

就区域而言，豫西地区增加最多，为 18. 25 吨/万公顷，增幅为 32. 53%；其次是豫南地区和豫中地区，分别增加 11. 07 吨/万公顷和 11. 06 吨/万公顷，增幅分别为 18. 88% 和 21. 19%。豫北地区 2018 年较 2000 年的农药施

用强度基本保持不变。豫东地区的农药施用强度有所下降，下降了 12.86
吨/万公顷，降幅为 12.68%。

表 5－1　2000 年和 2018 年河南省各地市农药施用强度比较

单位：吨/万公顷，%

地区	地市	农药施用强度		变化情况	
		2000 年	2018 年	增长量	增长率
豫北地区	安阳市	80.08	70.93	－9.15	－11.43
	新乡市	80.70	98.14	17.44	21.61
	焦作市	100.82	108.98	8.16	8.09
	濮阳市	80.01	65.48	－14.53	－18.17
	鹤壁市	81.36	58.70	－22.66	－27.86
	济源市	79.18	98.25	19.07	24.08
	小计	82.96	82.97	0.01	0.01
豫中地区	郑州市	63.74	74.56	10.82	16.97
	漯河市	56.03	61.29	5.26	9.38
	许昌市	49.11	56.08	6.96	14.18
	平顶山市	40.52	63.48	22.95	56.65
	小计	52.20	63.26	11.06	21.19
豫东地区	开封市	74.11	50.34	－23.77	－32.07
	商丘市	83.16	101.36	18.19	21.88
	周口市	128.57	96.13	－32.44	－25.23
	小计	101.39	88.53	－12.86	－12.68
豫西地区	洛阳市	47.61	62.20	14.59	30.65
	三门峡市	76.79	106.86	30.07	39.15
	小计	56.11	74.37	18.25	32.53
豫南地区	南阳市	83.35	76.23	－7.12	－8.54
	驻马店市	31.02	43.47	12.45	40.12
	信阳市	58.36	98.98	40.62	69.59
	小计	58.63	69.70	11.07	18.88

二　化肥施用强度

1. 化肥施用强度现状分析

2018 年，河南省化肥施用强度为 4690.82 吨/万公顷。在全省 18 个地市中，平顶山市的化肥施用强度最高，为6498.18吨/万公顷；其次是新乡市，化肥施用强度为6117.71吨/万公顷；居第3位的是商丘市，化肥施用强度为5889.85吨/万公顷。其他高于河南省化肥施用强度的地市有安阳市、焦作市、濮阳市、漯河市、周口市和济源市。化肥施用强度最低的地市是三门峡市，仅为3491.27吨/万公顷（见图5-3）。

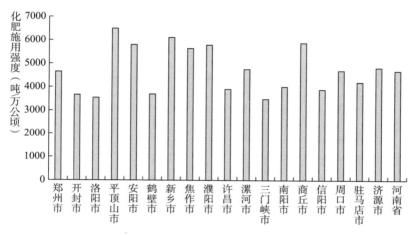

图5-3　2018年河南省及各地市化肥施用强度对比

2. 时序特征分析

2000～2018年，河南省化肥施用强度整体呈现先升后降的趋势。2000～2015年呈上升趋势，由3202.50吨/万公顷增加到4812.52吨/万公顷，净增加1610.02吨/万公顷。2015年之后，河南省化肥施用强度开始较小幅度下降，由2015年的4812.52吨/万公顷减少到2018年的4690.82吨/万公顷，减少了121.70吨/万公顷（见图5-4）。

3. 空间特征分析

由表5-2可以看出，2018年河南省各地市化肥施用强度较2000年均有所增加。就增量而言，增加最多的地市是商丘市，为3059.09吨/万公顷；其次是新乡市，增加2455.90吨/万公顷；增量超过2000吨/万公顷的地市还有安阳市、平顶山市、漯河市，分别增加2368.32吨/万公顷、2362.02吨/万公顷和2106.86吨/万公顷。增量最小的地市是三门峡市，为71.38吨/万公顷。就增幅而言，排前3名的地市是商丘市、漯河市和安阳市，增幅分别为108.07%、79.26%和68.92%；增幅最小的地市是三门

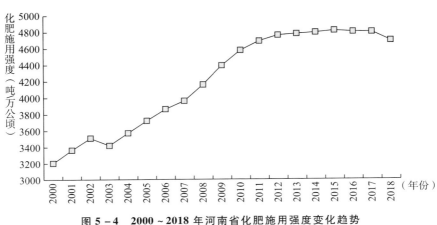

图 5－4　2000～2018 年河南省化肥施用强度变化趋势

峡市，为 2.09%。

就区域而言，豫北地区增加最多，为 1910.38 吨/万公顷，增幅为 50.24%；其次是豫东地区和豫中地区，分别增加 1879.19 吨/万公顷和 1519.14 吨/万公顷，增幅分别为 62.14% 和 43.89%。增加最小的是豫西地区，为 577.32 吨/万公顷，增幅为 19.57%。

表 5－2　2000 年和 2018 年河南省各地市化肥施用强度比较

单位：吨/万公顷，%

地区	地市	化肥施用强度		变化情况	
		2000 年	2018 年	增长量	增长率
豫北地区	安阳市	3436.25	5804.57	2368.32	68.92
	新乡市	3661.81	6117.71	2455.90	67.07
	焦作市	4888.59	5644.34	755.76	15.46
	濮阳市	4172.11	5795.74	1623.63	38.92
	鹤壁市	2974.44	3700.14	725.70	24.40
	济源市	3772.24	4828.46	1056.22	28.00
	小计	3802.74	5713.12	1910.38	50.24
豫中地区	郑州市	3761.77	4647.26	885.49	23.54
	漯河市	2658.02	4764.88	2106.86	79.26
	许昌市	3116.44	3910.70	794.26	25.49
	平顶山市	4136.16	6498.18	2362.02	57.11
	小计	3461.53	4980.67	1519.14	43.89

地区	地市	化肥施用强度		变化情况	
		2000 年	2018 年	增长量	增长率
豫东地区	开封市	2723.30	3666.78	943.48	34.64
	商丘市	2830.76	5889.85	3059.09	108.07
	周口市	3317.95	4704.36	1386.41	41.79
	小计	3024.21	4903.40	1879.19	62.14
豫西地区	洛阳市	2757.64	3541.68	784.04	28.43
	三门峡市	3419.89	3491.27	71.38	2.09
	小计	2950.63	3527.95	577.32	19.57
豫南地区	南阳市	3127.58	4012.71	885.13	28.30
	驻马店市	3305.82	4205.42	899.59	27.21
	信阳市	2640.20	3895.80	1255.60	47.56
	小计	3071.95	4055.07	983.12	32.00

三　农用塑料薄膜使用强度

1. 农用塑料薄膜使用强度现状分析

2018 年，河南省的农用塑料薄膜使用强度为 103.46 吨/万公顷。在全省 18 个地市中，安阳市的农用塑料薄膜使用强度最高，为 238.24 吨/万公顷；其次是郑州市，农用塑料薄膜使用强度为 145.01 吨/万公顷；居第 3 位的是濮阳市，农用塑料薄膜使用强度为 140.66 吨/万公顷。其他高于河南省农用塑料薄膜使用强度的地市有开封市、三门峡市、南阳市、信阳市和济源市。农用塑料薄膜使用强度最低的地市是新乡市，仅为 36.94 吨/万公顷（见图 5 - 5）。

2. 时序特征分析

由图 5 - 6 可以看出，2000~2018 年河南省农用塑料薄膜使用强度整体呈先升后降的趋势。2000~2013 年呈波动上升趋势，由 69.96 吨/万公顷增加到 115.04 吨/万公顷，净增加 45.08 吨/万公顷。2013 年达到峰值 115.04 吨/万公顷之后，河南省农用塑料薄膜使用强度开始小幅度下降，由 2013 年的 115.04 吨/万公顷减少到 2018 年的 103.46 吨/万公顷，减少了 11.58 吨/万公顷（见图 5 - 6）。

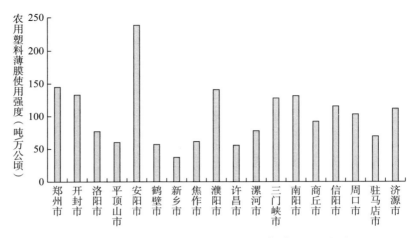

图 5 – 5　2018 年河南省各地市农用塑料薄膜使用强度对比

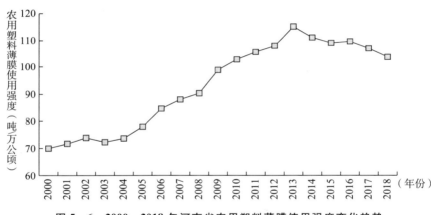

图 5 – 6　2000 ~ 2018 年河南省农用塑料薄膜使用强度变化趋势

3. 空间特征分析

由表 5 – 3 可以看出，2018 年河南省农用塑料薄膜使用强度较 2000 年均有所增加。就增量而言，增加最多的地市是安阳市，为 220.99 吨/万公顷；其次是濮阳市和南阳市，分别增加 119.86 吨/万公顷和 100.54 吨/万公顷。增量最小的地市是新乡市，为 25.31 吨/万公顷。就增幅而言，增幅最大的地市是安阳市，为 1280.96%；其次是鹤壁市和濮阳市，增幅分别为 758.40% 和 576.17%。增幅最小的地市是漯河市，为 68.19%。

就区域而言，豫北地区增加最多，为 102.58 吨/万公顷，增幅为 659.13%；其次是豫南地区和豫西地区，分别增加 80.78 吨/万公顷和 62.88

吨/万公顷，增幅分别为 331.94% 和 227.23%。增加最小的是豫中地区，为 49.57 吨/万公顷，增幅为 159.07%。

表 5-3　2000 年和 2018 年河南省各地市农用塑料薄膜使用强度比较

单位：吨/万公顷，%

地区	地市	农用塑料薄膜使用强度		变化情况	
		2000 年	2018 年	增长量	增长率
豫北地区	安阳市	17.25	238.24	220.99	1280.96
	新乡市	11.63	36.94	25.31	217.61
	焦作市	16.85	61.86	45.01	267.02
	濮阳市	20.80	140.66	119.86	576.17
	鹤壁市	6.60	56.68	50.08	758.40
	济源市	23.42	111.31	87.89	375.33
	小计	15.56	118.14	102.58	659.13
豫中地区	郑州市	48.01	145.01	97.00	202.05
	漯河市	46.09	77.52	31.43	68.19
	许昌市	19.04	55.77	36.73	192.95
	平顶山市	15.91	59.96	44.05	276.84
	小计	31.16	80.73	49.57	159.07
豫东地区	开封市	58.45	133.36	74.91	128.15
	商丘市	32.59	91.85	59.26	181.84
	周口市	52.97	103.02	50.05	94.48
	小计	46.80	105.37	58.57	125.14
豫西地区	洛阳市	20.04	76.49	56.45	281.74
	三门峡市	46.24	128.12	81.89	177.09
	小计	27.67	90.55	62.88	227.23
豫南地区	南阳市	30.85	131.39	100.54	325.95
	驻马店市	18.25	69.14	50.88	278.75
	信阳市	22.54	115.26	92.72	411.41
	小计	24.34	105.12	80.78	331.94

四 人均耕地面积

1. 人均耕地面积现状分析

2018 年，河南省人均耕地面积为 1.12 亩。在全省 18 个地市中，驻马店市的人均耕地面积最大，为 1.55 亩；其次是信阳市，人均耕地面积为 1.44 亩；居第 3 位的是南阳市，人均耕地面积为 1.32 亩。其他大于河南省人均耕地面积的地市有商丘市、三门峡市、新乡市和开封市。人均耕地面积最小的地市是郑州市，仅为 0.60 亩（见图 5 - 7）。

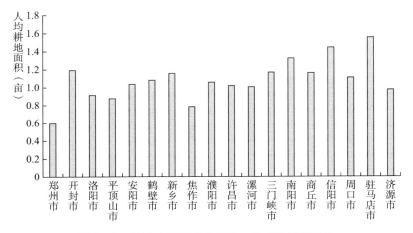

图 5 - 7 2018 年河南省各地市人均耕地面积对比

2. 时序特征分析

随着人口数量的增加、耕地总量的减少，河南省人均耕地面积在 2000 ~ 2008 年和 2009 ~ 2018 年两个阶段整体均呈现减少的趋势（见图 5 - 8）。人均耕地面积在 2009 ~ 2018 年下降比较明显，从 1.23 亩下降到 1.12 亩，减少了 0.11 亩。人均耕地面积在减少，未来耕地承载的人口问题将是我国经济社会可持续发展的基础问题。

3. 空间特征分析

由表 5 - 4 可以看出，相比 2000 年，2018 年河南省人均耕地面积增加的地市有 8 个，减少的地市有 9 个，濮阳市基本保持不变。在人均耕地面积增加的 8 个地市中，就增量而言，信阳市最大，增加了 0.43 亩；其次是济源市和新乡市，分别增加 0.15 亩和 0.11 亩；其余地市的人均耕地面积

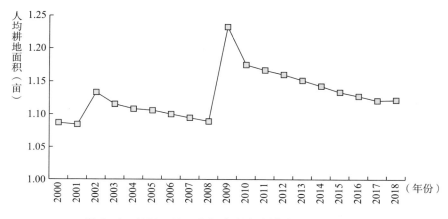

图 5 – 8　2000 ~ 2018 年河南省人均耕地面积变化趋势

注：2000 ~ 2008 年耕地面积数据为第一次全国土地调查数据，2009 ~ 2018 年耕地面积数据为第二次全国土地调查数据。

增加不大。就增幅而言，信阳市最大，增加了 42.00%；其次是济源市和新乡市，分别增加 18.19% 和 10.42%。

在人均耕地面积减少的 9 个地市中，郑州市减少最多，为 0.10 亩，降幅为 14.59%；其次是平顶山市，人均耕地面积减少 0.08 亩，降幅为 8.10%；其余地市减少不多。

就区域而言，河南省人均耕地面积呈周边多、中间少的态势。其中豫南地区人均耕地面积最大，增加也最多，增量为 0.16 亩，增幅为 12.95%；其次是豫北地区，增量为 0.03 亩，增幅为 3.06%。豫中和豫东地区有小幅下降，分别减少 0.07 亩和 0.01 亩。豫西地区的人均耕地面积与 2000 年持平。

表 5 – 4　2000 年和 2018 年河南省各地市人均耕地面积比较

单位：亩，%

地区	地市	人均耕地面积		变化情况	
		2000 年	2018 年	增长量	增长率
豫北地区	安阳市	1.05	1.04	− 0.01	− 1.65
	新乡市	1.05	1.16	0.11	10.42
	焦作市	0.79	0.78	− 0.01	− 0.46

地区	地市	人均耕地面积		变化情况	
		2000 年	2018 年	增长量	增长率
豫北地区	濮阳市	1.06	1.06	0.00	- 0.27
	鹤壁市	1.07	1.08	0.01	1.40
	济源市	0.82	0.97	0.15	18.19
	小计	1.00	1.03	0.03	3.06
豫中地区	郑州市	0.70	0.60	- 0.10	- 14.59
	漯河市	1.01	1.00	- 0.01	- 0.92
	许昌市	1.04	1.02	- 0.02	- 2.25
	平顶山市	0.95	0.87	- 0.08	- 8.10
	小计	0.89	0.82	- 0.07	- 7.98
豫东地区	开封市	1.18	1.19	0.01	1.35
	商丘市	1.18	1.16	- 0.02	- 1.42
	周口市	1.12	1.11	- 0.01	- 0.77
	小计	1.15	1.14	- 0.01	- 0.53
豫西地区	洛阳市	0.93	0.91	- 0.02	- 2.07
	三门峡市	1.08	1.17	0.09	7.72
	小计	0.97	0.97	0.00	0.00
豫南地区	南阳市	1.25	1.32	0.07	5.73
	驻马店市	1.52	1.55	0.03	2.31
	信阳市	1.01	1.44	0.43	42.00
	小计	1.26	1.43	0.16	12.95

五 单位水耗农业产值

1. 单位水耗农业产值现状分析

河南省水资源相对紧缺，亩均水资源量不足全国平均水平的 1/4，还有 4200 多万亩旱地，水资源已成为河南省农业发展的重要"瓶颈"。2018 年，在全省 18 个地市中，三门峡市的单位水耗农业产值最高，为 152.28 元/米^3；其次是驻马店市，单位水耗农业产值为 145.04 元/米^3；居第 3 位的是平顶山市，单位水耗农业产值为 109.10 元/米^3。单位水耗农业产值最低的地市是济源市，仅为 28.26 元/米^3（见图 5 - 9）。

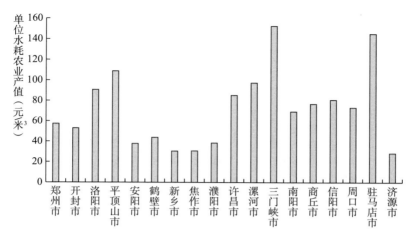

图 5 - 9　2018 年河南省各地市单位水耗农业产值对比

2. 时序特征分析

由图 5 - 10 可知，2000～2018 年，河南省单位水耗农业产值呈波动上升趋势，由 9.42 元/米^3 增加到 41.47 元/米^3，共增加 32.05 元/米^3，年均增加 1.78 元/米^3。其中，2000～2009 年单位水耗农业产值呈缓慢上涨趋势，共增加 10.94 元/米^3，年均增加 1.22 元/米^3；2009 年之后，增速较快，由 2009 年的 20.36 元/米^3 增加到 2018 年的 41.47 元/米^3，共增加 21.11 元/米^3，年均增加 2.35 元/米^3。由此可以看出，河南省切实加大农田节水重大关键技术推广力度，把节水农业发展作为保障国家粮食安全、转变农业发展方式的重要内容，在技术推广、合理种植、科学灌溉等方面取得了很好的效果。

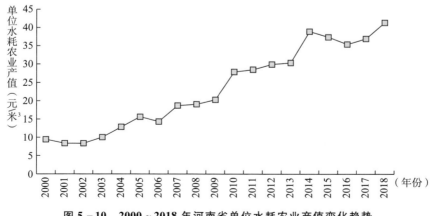

图 5 - 10　2000～2018 年河南省单位水耗农业产值变化趋势

3. 空间特征分析

由表5-5可以看出，2018年河南省各地市单位水耗农业产值较2000年均有所增加。就增量而言，增加最多的地市是三门峡市，为130.58元/米³；其次是驻马店市和平顶山市，分别增加114.79元/米³和90.56元/米³。增量最小的地市是济源市，为15.87元/米³。就增幅而言，增幅最大的地市是洛阳市，为737.52%；其次是三门峡市、信阳市和郑州市，增幅分别为601.69%、525.61%和521.51%。增幅最小的地市是济源市，为128.00%。

就区域而言，豫西地区增加最多，为90.75元/米³，增幅为687.85%；其次是豫南地区和豫中地区，分别增加67.02元/米³和67.00元/米³，增幅分别为332.39%和417.81%。增加最少的是豫北地区，为26.15元/米³，增幅为316.16%。

表5-5 2000年和2018年河南省各地市单位水耗农业产值比较

单位：元/米³，%

地区	地市	单位水耗农业产值		变化情况	
		2000年	2018年	增长量	增长率
豫北地区	安阳市	9.67	37.75	28.08	290.44
	新乡市	6.79	30.15	23.36	344.30
	焦作市	8.91	31.11	22.20	249.01
	濮阳市	8.63	38.41	29.78	345.14
	鹤壁市	7.93	43.40	35.47	447.40
	济源市	12.40	28.26	15.87	128.00
	小计	8.27	34.42	26.15	316.16
豫中地区	郑州市	9.17	57.02	47.84	521.51
	漯河市	17.49	97.55	80.06	457.85
	许昌市	25.76	85.44	59.68	231.69
	平顶山市	18.54	109.10	90.56	488.49
	小计	16.04	83.03	67.00	417.81
豫东地区	开封市	11.58	52.77	41.18	355.58
	商丘市	20.80	76.84	56.04	269.43
	周口市	24.54	73.48	48.94	199.42
	小计	18.65	67.69	49.04	263.04

续表

地区	地市	单位水耗农业产值		变化情况	
		2000 年	2018 年	增长量	增长率
豫西地区	洛阳市	10.80	90.48	79.68	737.52
	三门峡市	21.70	152.28	130.58	601.69
	小计	13.19	103.94	90.75	687.85
豫南地区	南阳市	22.77	69.09	46.32	203.45
	驻马店市	30.25	145.04	114.79	379.46
	信阳市	12.94	80.93	67.99	525.61
	小计	20.16	87.18	67.02	332.39

第二节　河南省农业可持续发展水平评价结果分析

一　2000～2018 年河南省农业可持续发展水平评价结果分析

由图 5-11 可以看出，农业可持续发展水平的评价分值由 2000 年的 0.5076 减少到 2018 年的 0.4759，减少了 6.25%，虽然降幅不大，但在一定程度上影响了河南省农业高质量发展水平。从各指标来看，农药施用强

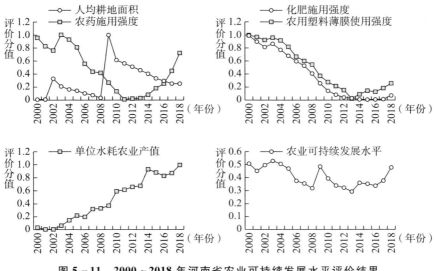

图 5-11　2000～2018 年河南省农业可持续发展水平评价结果

度、化肥施用强度和农用塑料薄膜使用强度都呈现一定程度的下降趋势，但是尚有进步的空间。尤其在国家大力倡导绿色农业的背景下，发展可持续农业和绿色农业是实现农业现代化的关键举措。

二 河南省各地市农业可持续发展水平空间特征分析

从表 5 - 6、图 5 - 12 中的评价结果来看，河南省 18 个地市之间农业可持续发展水平空间差异较大，在空间上表现为"南高北低"，半数地市农业可持续发展水平评价分值低于 0.5，表明河南省农业可持续发展水平整体较低，有较大的上升空间。2018 年，河南省各地市农业可持续发展水平评价分值排前 3 名的是开封市、商丘市和信阳市，分别为 0.71 分、0.70 分和 0.69 分；评价分值排后 3 名的是济源市、平顶山市和许昌市，分别为 0.09 分、0.22 分和 0.24 分。

对比 2000 年和 2018 年河南省各地市农业可持续发展水平评价结果，在河南省的 18 个地市中，2018 年有 7 个地市的农业竞争力水平评价分值高于 2000 年，分别是开封市、洛阳市、安阳市、濮阳市、三门峡市、信阳市和驻马店市，其余地市 2018 年较 2000 年的评价分值均有所降低。

就农业可持续发展水平提高的地市而言，评价分值增加最大的是三门峡市，增加了 0.26 分，排名由 2000 年的第 16 名上升到 2018 年的第 8 名；其次是洛阳市，增加了 0.25 分，排名由第 18 名上升到第 13 名；再次是驻马店市，增加了 0.15 分，排名由第 10 名上升到第 6 名。对于农业可持续发展水平评价分值减少的地市而言，减少最多的是许昌市，为 0.33 分，排名由第 7 名下降到第 16 名；其次是济源市，减少了 0.31 分，排名由第 13 名下降到第 18 名。

表 5 - 6　2000 年和 2018 年河南省农业可持续发展水平评价结果

地市	2000 年		2018 年		增长量（分）
	分值	排名	分值	排名	
郑州市	0.28	15	0.25	15	- 0.03
开封市	0.62	6	0.71	1	0.09
洛阳市	0.13	18	0.38	13	0.25
平顶山市	0.23	17	0.22	17	- 0.01

续表

地市	2000 年		2018 年		增长量（分）
	分值	排名	分值	排名	
安阳市	0.36	14	0.41	11	0.05
鹤壁市	0.47	11	0.37	14	−0.09
新乡市	0.53	9	0.50	9	−0.03
焦作市	0.57	8	0.56	7	−0.01
濮阳市	0.44	12	0.47	10	0.03
许昌市	0.57	7	0.24	16	−0.33
漯河市	0.63	5	0.40	12	−0.24
三门峡市	0.27	16	0.52	8	0.26
南阳市	0.70	3	0.65	5	−0.05
商丘市	0.78	1	0.70	2	−0.08
信阳市	0.64	4	0.69	3	0.05
周口市	0.73	2	0.67	4	−0.06
驻马店市	0.49	10	0.65	6	0.15
济源市	0.40	13	0.09	18	−0.31

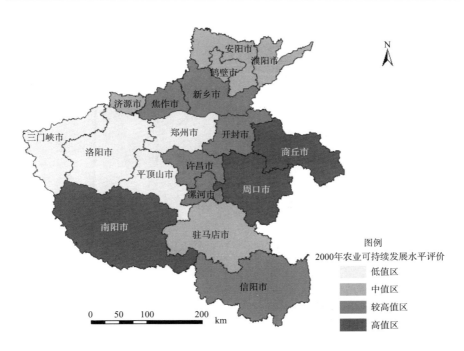

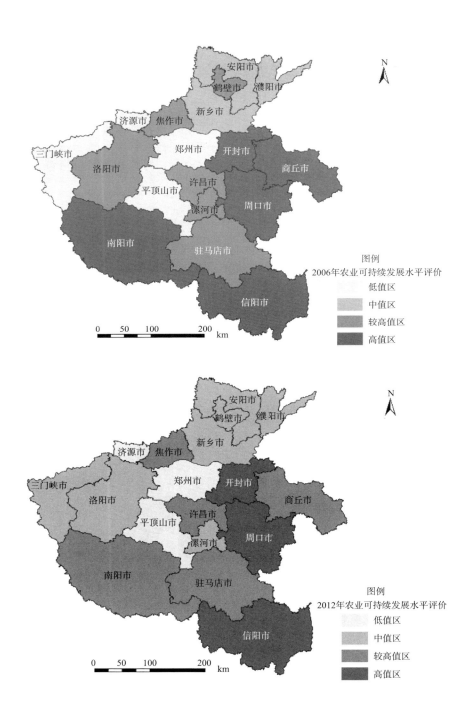

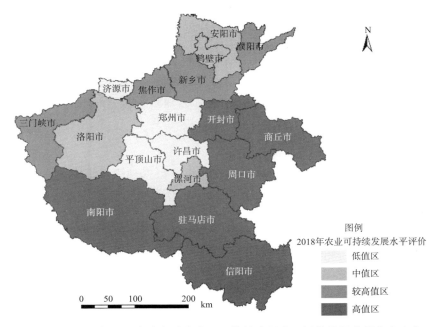

图5-12 部分年份河南省各地市农业可持续发展水平评价结果空间分布变化

1. 农药施用强度

如表5-7所示,从河南省各地市2000年和2018年农药施用强度评价分值排名对比来看,各地市的评价分值排名变动幅度不大。评价分值排名上升的地市有平顶山市、驻马店市、开封市、安阳市和漯河市,上升幅度都在1~2个名次。评价分值排名下降的地市有郑州市、许昌市、焦作市、南阳市和商丘市,下降幅度也都在1~2个名次。

2. 化肥施用强度

如表5-7所示,从河南省各地市2000年和2018年化肥施用强度评价分值排名对比来看,各地市的评价分值排名变动幅度不大。评价分值排名上升的地市有平顶山市、新乡市和濮阳市,均上升1个名次。评价分值排名下降的地市有郑州市和开封市,其中郑州市由2000年的第11名下降为2018年的第13名,开封市由2000年的第6名下降为2018年的第7名。

3. 农用塑料薄膜使用强度

如表5-7所示,从河南省各地市2000年和2018年农用塑料薄膜使用强度评价分值排名对比来看,各地市的评价分值排名变动幅度不大。评价分值排名上升幅度较大的地市有三门峡市和濮阳市，三门峡市由 2000 年的第 15 名上升到 2018 年的第 11 名，濮阳市由 2000 年的第 10 名上升到 2018 年的第 7 名；其他地市的上升幅度不大。评价分值排名下降幅度最大的地市有鹤壁市和许昌市，其中鹤壁市由 2000 年的第 9 名下降为 2018 年的第 13 名，许昌市由 2000 年的第 11 名下降为 2018 年的第 15 名；其他地市的下降幅度不大。

4. 人均耕地面积

如表 5 - 7 所示，从河南省各地市 2000 年和 2018 年人均耕地面积评价分值排名对比来看，各地市的评价分值排名均存在不同程度的变动。其中评价分值排名上升的 9 个地市中，上升最快的是三门峡市、驻马店市，分别由 2000 年的第 13 名、第 16 名上升为 2018 年的第 5 名、第 8 名；其次是信阳市，由 2000 年的第 9 名上升为 2018 年的第 2 名；此外排名上升较快的有洛阳市、安阳市和新乡市。评价分值排名下降的 9 个地市中，漯河市下降最快，由 2000 年的第 1 名下降到 2018 年的第 14 名；其次是许昌市、济源市，分别由 2000 年的第 6 名、第 7 名下降到 2018 年的第 16 名、第 17 名；其余地市的下降幅度不大。

5. 单位水耗农业产值

如表 5 - 7 所示，从河南省各地市 2000 年和 2018 年单位水耗农业产值评价分值排名对比来看，除郑州市、安阳市和驻马店市的排名保持不变外，其余地市的排名均存在不同程度的变动。其中评价分值排名上升的 8 个地市中，排名上升最快的是三门峡市、洛阳市，分别由 2000 年的第 14 名、第 18 名上升到 2018 年的第 2 名、第 6 名；其次是平顶山市，由 2000 年的第 16 名上升为 2018 年的第 11 名；此外排名上升较快的地市有濮阳市和周口市。评价分值排名下降的 7 个地市中，济源市下降幅度最大，由 2000 年的第 3 名下降到 2018 年的第 18 名；其次是许昌市，由 2000 年的第 4 名下降到 2018 年的第 16 名；再次是新乡市，由 2000 年的第 8 名下降为 2018 年的第 14 名；其余地市的下降幅度不大。

表 5 - 7 2000 年和 2018 年河南省各地市农业可持续发展水平评价分值排名

地市	农药施用强度		化肥施用强度		农用塑料薄膜使用强度		人均耕地面积		单位水耗农业产值	
	2000 年	2018 年	2000 年	2018 年	2000 年	2018 年	2000 年	2018 年	2000 年	2018 年
郑州市	13	15	11	13	18	18	14	12	15	15
开封市	9	8	6	7	5	6	4	1	5	3
洛阳市	11	11	9	9	17	16	18	13	18	6
平顶山市	14	12	12	11	14	12	17	18	16	11
安阳市	8	7	8	8	12	10	15	9	13	13
鹤壁市	16	16	17	17	9	13	3	4	7	10
新乡市	6	6	7	6	7	9	10	6	8	14
焦作市	12	13	15	15	13	14	2	3	2	1
濮阳市	10	10	13	12	10	7	11	10	9	5
许昌市	7	9	10	10	11	15	6	16	4	16
漯河市	15	14	14	14	8	8	1	14	1	4
三门峡市	17	17	16	16	15	11	13	5	14	2
南阳市	3	4	1	1	6	5	8	11	11	12
商丘市	2	3	4	4	1	4	5	7	6	7
信阳市	5	5	5	5	3	1	9	2	10	8
周口市	1	1	2	2	2	3	12	15	12	9
驻马店市	4	2	3	3	4	2	16	8	17	17
济源市	18	18	18	18	16	17	7	17	3	18

第六章 农业科技创新水平评价

农业科技创新是确保国家粮食安全的支撑力量,是加快现代农业建设的中坚力量,也是提高农业高质量发展水平的有效途径。传统的农业生产技术已经不能保证农产品的质量及数量,持续的农业科技创新,既能增加农民的经济收入,又对生态环境的可持续发展具有促进作用。

第一节 河南省农业科技创新水平影响因素分析

一 农业 R&D 经费

1. 农业 R&D 经费现状分析

2018 年,河南省农业 R&D 经费为 83.58 亿元。其中,洛阳市是河南省农业 R&D 经费投入最高的,达 9.66 亿元,占河南省农业 R&D 经费的11.56%;其次为南阳市、新乡市,分别占 10.43% 和 9.44%;此外,农业R&D 经费超过河南省各地市平均值的有商丘市、开封市、信阳市、许昌市、焦作市和平顶山市,分别占 7.49%、7.16%、6.91%、6.59%、5.84% 和5.81%。农业 R&D 经费投入较低的 2 个地市是鹤壁市和济源市,分别占1.04% 和 0.79%,均不足河南省农业 R&D 经费的 2% (见表 6 - 1)。

表 6 - 1 2018 年河南省各地市农业 R&D 经费及占比

单位:亿元,%

地市	农业 R&D 经费	占全省农业 R&D 经费比例
郑州市	4.56	5.46
开封市	5.98	7.16
洛阳市	9.66	11.56
平顶山市	4.85	5.81

续表

地市	农业 R&D 经费	占全省农业 R&D 经费比例
安阳市	3.55	4.24
鹤壁市	0.87	1.04
新乡市	7.89	9.44
焦作市	4.88	5.84
濮阳市	2.59	3.10
许昌市	5.51	6.59
漯河市	2.12	2.53
三门峡市	2.29	2.74
南阳市	8.72	10.43
商丘市	6.26	7.49
信阳市	5.77	6.91
周口市	3.82	4.57
驻马店市	3.60	4.31
济源市	0.66	0.79

2. 时序特征分析

从图 6 - 1 可以看出，2000～2018 年，河南省投入的农业 R&D 经费总体呈上升趋势。2018 年河南省农业 R&D 经费为 83.58 亿元，较 2000 年的 6.46 亿元增加了 77.12 亿元，年均增加 4.28 亿元，增幅达 1194.44%，农业科技创新水平总体在提高。其中，2000～2007 年农业 R&D 经费的增长速度较慢，年均增加 1.83 亿元；2007～2009 年呈先升后降的趋势；2009～2018 年，呈直线上升趋势，增速较快，年均增加 5.46 亿元。

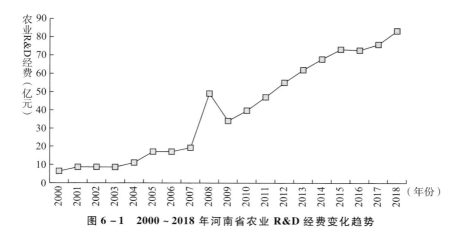

图 6 - 1　2000～2018 年河南省农业 R&D 经费变化趋势

3. 空间特征分析

由表 6-2 可以看出，2018 年河南省各地市农业 R&D 经费较 2000 年均有所增加。就增量而言，增加最多的地市是洛阳市，为 8.88 亿元；其次是南阳市和新乡市，分别增加 7.69 亿元和 7.13 亿元。增量最小的地市是济源市，为 0.63 亿元。就增幅而言，增幅最大的地市是开封市，为 9513.67%；其次是三门峡市和驻马店市，增幅分别为 3853.99% 和 3206.85%。增幅最小的地市是郑州市，为 444.47%。

就区域而言，豫北地区增加最多，为 18.87 亿元，增幅为 1205.11%；其次是豫南地区和豫东地区，分别增加 16.63 亿元和 15.39 亿元，增幅分别为 1140.52% 和 2289.11%。增加最小的是豫西地区，为 11.12 亿元，增幅为 1322.77%。

表 6-2　2000 年和 2018 年河南省各地市农业 R&D 经费比较

单位：亿元，%

地区	地市	农业 R&D 经费		变化情况	
		2000 年	2018 年	增长量	增长率
豫北地区	安阳市	0.31	3.55	3.24	1062.58
	新乡市	0.76	7.89	7.13	943.94
	焦作市	0.20	4.88	4.68	2323.39
	濮阳市	0.22	2.59	2.38	1094.94
	鹤壁市	0.05	0.87	0.82	1538.22
	济源市	0.03	0.66	0.63	1854.15
	小计	1.57	20.44	18.87	1205.11
豫中地区	郑州市	0.84	4.56	3.72	444.47
	漯河市	0.27	2.12	1.84	674.51
	许昌市	0.63	5.51	4.88	774.63
	平顶山市	0.18	4.85	4.67	2602.26
	小计	1.92	17.03	15.11	787.24
豫东地区	开封市	0.06	5.98	5.92	9513.67
	商丘市	0.35	6.26	5.91	1687.54
	周口市	0.26	3.82	3.56	1369.91
	小计	0.67	16.06	15.39	2289.11

续表

地区	地市	农业 R&D 经费		变化情况	
		2000 年	2018 年	增长量	增长率
豫西地区	洛阳市	0.78	9.66	8.88	1135.20
	三门峡市	0.06	2.29	2.23	3853.99
	小计	0.84	11.96	11.12	1322.77
豫南地区	南阳市	1.02	8.72	7.69	751.61
	驻马店市	0.11	3.60	3.49	3206.85
	信阳市	0.33	5.77	5.45	1670.90
	小计	1.46	18.09	16.63	1140.52

二　农业 R&D 科技人员数

1. 农业 R&D 科技人员数现状分析

2018 年，河南省农业 R&D 科技人员数为 17264 人年。其中，南阳市的农业 R&D 科技人员数最多，达 2500 人年，占河南省农业 R&D 科技人员数的 12.33%；其次为洛阳市、新乡市和商丘市，分别占 11.51%、9.69% 和 7.68%；此外，超过均值 1126 人年的地市有开封市、周口市、平顶山市、郑州市和焦作市，分别占 6.49%、6.12%、6.09%、5.90% 和 5.63%。农业 R&D 科技人员数较低的 2 个地市是鹤壁市和济源市，分别占 1.17% 和 0.60%（见表 6-3）。

表 6-3　2018 年河南省各地市农业 R&D 科技人员数及占比

单位：人年，%

地市	农业 R&D 科技人员数	占全省农业 R&D 科技人员数比例
郑州市	1196	5.90
开封市	1316	6.49
洛阳市	2333	11.51
平顶山市	1235	6.09
安阳市	901	4.44
鹤壁市	237	1.17
新乡市	1964	9.69
焦作市	1141	5.63

续表

地市	农业 R&D 科技人员数	占全省农业 R&D 科技人员数比例
濮阳市	671	3.31
许昌市	850	4.19
漯河市	544	2.68
三门峡市	502	2.48
南阳市	2500	12.33
商丘市	1558	7.68
信阳市	1098	5.42
周口市	1240	6.12
驻马店市	864	4.26
济源市	122	0.60

2. 时序特征分析

如图 6-2 所示，河南省农业 R&D 科技人员数整体呈先上升后下降的趋势。2003 年河南省农业 R&D 科技人员数最少，为 6750 人年；2014 年河南省农业 R&D 科技人员数达到峰值，为 20276 人年；2014 年之后开始减少，2014~2018 年共减少 3012 人年，年均减少 753 人年。

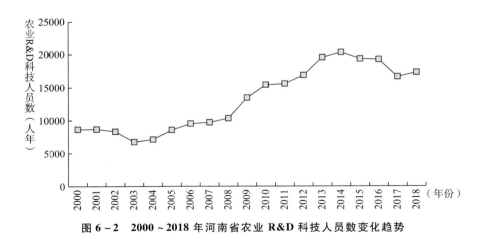

图 6-2　2000~2018 年河南省农业 R&D 科技人员数变化趋势

3. 空间特征分析

由表 6-4 可以看出，2018 年河南省各地市农业 R&D 科技人员数较 2000 年均有所增加。就增量而言，增加最多的地市是洛阳市，为 1590 人

年；其次是南阳市和商丘市，分别增加 1146 人年和 974 人年。增量最小的
地市是济源市，为 14 人年。就增幅而言，增幅最大的地市是信阳市，为
357.96%；其次是三门峡市和洛阳市，增幅分别为 232.75% 和 214.00%。
增幅最小的地市是许昌市，为 4.50%。

表 6-4 2000 年和 2018 年河南省各地市农业 R&D 科技人员数比较

单位：人年，%

地区	地市	农业 R&D 科技人员数		变化情况	
		2000 年	2018 年	增长量	增长率
豫北地区	安阳市	539	901	362	67.12
	新乡市	1077	1964	887	82.28
	焦作市	659	1141	482	73.07
	濮阳市	447	671	224	50.26
	鹤壁市	107	237	130	121.28
	济源市	108	122	14	13.16
	小计	2937	5035	2098	71.45
豫中地区	郑州市	938	1196	258	27.49
	漯河市	290	544	254	87.41
	许昌市	813	850	37	4.50
	平顶山市	569	1235	666	117.01
	小计	2611	3825	1214	46.50
豫东地区	开封市	609	1316	707	116.09
	商丘市	584	1558	974	166.93
	周口市	477	1240	763	159.80
	小计	1669	4114	2445	146.43
豫西地区	洛阳市	743	2333	1590	214.00
	三门峡市	151	502	351	232.75
	小计	894	2835	1940	217.03
豫南地区	南阳市	1354	2500	1146	84.58
	驻马店市	340	864	524	154.02
	信阳市	240	1098	858	357.96
	小计	1934	4462	2528	130.67

就区域而言，豫南地区增加最多，为 2528 人年，增幅为 130.67%；其

次是豫东地区和豫北地区，分别增加 2445 人年和 2098 人年，增幅分别为 146.43% 和 71.45%。增加最小的是豫中地区，为 1214 人年，增幅为 46.50%。

三 农业科技研究机构数

1. 农业科技研究机构现状分析

2018 年，河南省农业科技研究机构数为 2781 个。由表 6-5 可以看出，2018 年河南省各地市的农业科技研究机构数差异较大，郑州市和洛阳市的农业科技研究机构数显著高于省内其他地市，分别为 896 个和 328 个，占河南省农业科技研究机构数的 32.22% 和 11.79%；新乡市、焦作市和南阳市也明显高于 18 个地市的平均水平，分别为 217 个、189 个和 166 个。农业科技研究机构数最少的地市是鹤壁市，为 39 个，占河南省农业科技研究机构数的 1.40%；其次是三门峡市、济源市和漯河市，分别为 42 个、43 个和 53 个，分别占河南省农业科技研究机构数的 1.51%、1.55% 和 1.91%。

表 6-5 2018 年河南省各地市农业科技研究机构数及占比

单位：个，%

地市	农业科技研究机构数	占全省农业科技研究机构数比例
郑州市	896	32.22
开封市	109	3.92
洛阳市	328	11.79
平顶山市	103	3.70
安阳市	70	2.52
鹤壁市	39	1.40
新乡市	217	7.80
焦作市	189	6.80
濮阳市	69	2.48
许昌市	94	3.38
漯河市	53	1.91
三门峡市	42	1.51
南阳市	166	5.97
商丘市	108	3.88
信阳市	98	3.52

续表

地市	农业科技研究机构数	占全省农业科技研究机构数比例
周口市	72	2.59
驻马店市	85	3.06
济源市	43	1.55

2. 时序特征分析

由图 6 - 3 可以看出，2000～2018 年河南省农业科技研究机构数呈现波动上升趋势，2017 年达到峰值后又呈下降趋势。其中，2000～2012 年河南省农业科技研究机构数由 1330 个增加到 1870 个，增加了 540 个，年均增加 45 个；2012～2017 年河南省农业科技研究机构数呈现快速上升趋势，并且增幅较大，共增加 1457 个，年均增加 291 个；但 2017～2018 年河南省农业科技研究机构数急剧减少 546 个，减幅达 16%。

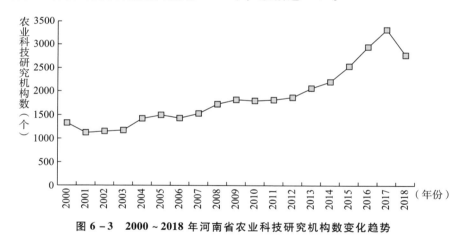

图 6 - 3　2000～2018 年河南省农业科技研究机构数变化趋势

3. 空间特征分析

由表 6 - 6 可以看出，2018 年河南省各地市农业科技研究机构数较 2000 年均有不同程度的增加。就增量而言，增加最多的地市是郑州市，为 494 个；其次是洛阳市和新乡市，分别增加 233 个和 100 个。增量最小的地市是漯河市，为 12 个。就增幅而言，增幅最大的地市是洛阳市，为 245.26%；其次是信阳市和平顶山市，分别为 164.86% 和 139.53%。增幅最小的地市是漯河市，为 29.27%。

就区域而言，豫中地区增加最多，为 602 个，增幅为 110.66%；其次

是豫北地区和豫西地区，分别增加 283 个和 248 个，增幅分别为 82.27%
和 203.28% 。增加最少的是豫东地区，为 148 个，增幅为 104.96% 。

表 6-6　2000 年和 2018 年河南省各地市农业科技研究机构数比较

单位：个，%

地区	地市	农业科技研究机构数		变化情况	
		2000 年	2018 年	增长量	增长率
豫北地区	安阳市	46	70	24	52.17
	新乡市	117	217	100	85.47
	焦作市	94	189	95	101.06
	濮阳市	48	69	21	43.75
	鹤壁市	21	39	18	85.71
	济源市	18	43	25	138.89
	小计	344	627	283	82.27
豫中地区	郑州市	402	896	494	122.89
	漯河市	41	53	12	29.27
	许昌市	58	94	36	62.07
	平顶山市	43	103	60	139.53
	小计	544	1146	602	110.66
豫东地区	开封市	56	109	53	94.64
	商丘市	49	108	59	120.41
	周口市	36	72	36	100.00
	小计	141	289	148	104.96
豫西地区	洛阳市	95	328	233	245.26
	三门峡市	27	42	15	55.66
	小计	122	370	248	203.28
豫南地区	南阳市	83	166	83	100.00
	驻马店市	59	85	26	44.07
	信阳市	37	98	61	164.86
	小计	179	349	170	94.97

第二节　河南省农业科技创新水平评价结果分析

一　2000～2018 年河南省农业科技创新水平评价结果分析

河南省农业科技创新水平的评价分值由 2000 年的 0.0807 增长到 2018 年的 0.8448，增长率为 946.84%，河南省农业科技创新水平出现较大幅度的增长，使得农业科技创新成为推动农业高质量发展的关键力量。从具体指标来看，农业 R&D 经费的评价分值呈增长趋势，助推了农业科技创新水平的提高；而农业 R&D 科技人员数和农业科技研究机构数的评价分值呈先增后降的趋势（见图 6 - 4）。由此可见，农业 R&D 科技人员数和农业科技研究机构数还有待进一步增加，在关注投入增长的同时，要注重科技人员投入效率的提升，加大科技创新支持农业高质量发展的力度。

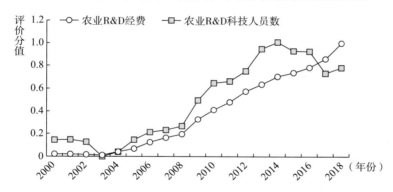

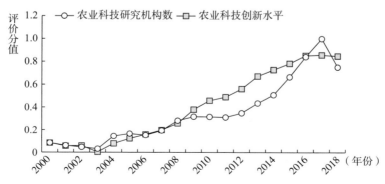

图 6 - 4　2000～2018 年河南省农业科技创新水平评价结果

二 河南省各地市农业科技创新水平空间特征分析

从表6－7、图6－5中的评价结果来看，河南省18个地市之间农业科技创新水平空间差异较大，2018年有14个地市的农业科技创新水平评价分值低于0.5，表明河南省农业科技创新水平整体较低，有较大的上升空间。2018年河南省各地市农业科技创新水平评价分值排前3名的是洛阳市、南阳市和郑州市，分别为0.76分、0.68分和0.63分；评价分值排后3名的是济源市、鹤壁市和三门峡市，分别为0.00分、0.02分和0.12分。

对比2000年和2018年河南省各地市农业科技创新水平的评价分值，除安阳市和济源市保持不变之外，其余地市均有所变化。其中，2018年有5个地市的农业科技创新水平评价分值低于2000年，分别是郑州市、濮阳市、许昌市、漯河市和南阳市；其余地市2018年较2000年的农业科技创新水平评价分值均有所上升。

就农业科技创新水平评价分值提高的地市而言，增加最大的是洛阳市，增加了0.27分，排名由2000年的第4名上升到2018年的第1名；其次是开封市，增加了0.22分，排名由第12名上升到第6名；再次是信阳市，增加了0.20分，排名由第13名上升到第8名。对于农业科技创新水平评价分值减少的地市而言，减少最多的是郑州市，减少了0.20分，排名由第1名下降到第3名；其次是许昌市，减少了0.12分，排名由第5名下降到第10名。

表6－7 2000年和2018年河南省各地市农业科技创新水平评价结果

地市	2000年		2018年		增长量（分）
	分值	排名	分值	排名	
郑州市	0.83	1	0.63	3	−0.20
开封市	0.18	12	0.39	6	0.22
洛阳市	0.49	4	0.76	1	0.27
平顶山市	0.19	9	0.34	9	0.14
安阳市	0.23	8	0.23	13	0.00
鹤壁市	0.01	17	0.02	17	0.01
新乡市	0.59	3	0.60	4	0.01

续表

地市	2000 年		2018 年		增长量（分）
	分值	排名	分值	排名	
焦作市	0.27	6	0.36	7	0.09
濮阳市	0.18	11	0.16	14	-0.02
许昌市	0.43	5	0.31	10	-0.12
漯河市	0.15	14	0.12	15	-0.03
三门峡市	0.03	16	0.12	16	0.09
南阳市	0.73	2	0.68	2	-0.04
商丘市	0.26	7	0.44	5	0.18
信阳市	0.15	13	0.35	8	0.20
周口市	0.19	10	0.29	11	0.10
驻马店市	0.12	15	0.23	12	0.11
济源市	0.00	18	0.00	18	0.00

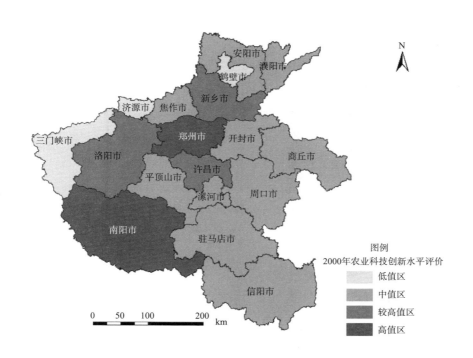

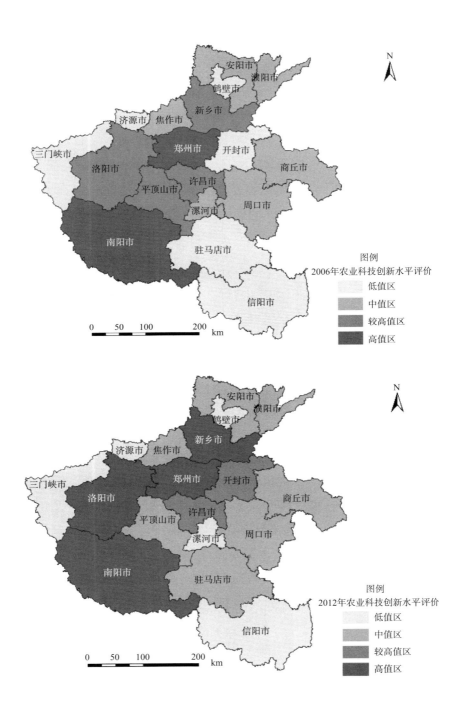

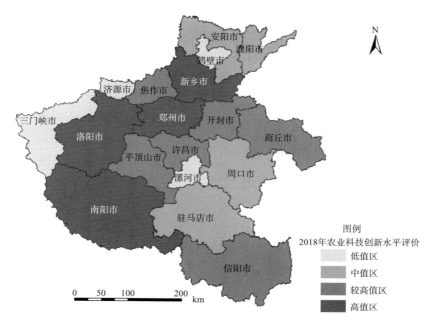

图 6 - 5　部分年份河南省各地市农业科技创新水平评价结果空间分布变化

1. 农业 R&D 经费

如表 6 - 8 所示，从河南省各地市 2000 年和 2018 年农业 R&D 经费评价分值排名对比来看，除鹤壁市和济源市的评价分值排名保持不变之外，其余地市均存在不同程度的变动。其中，评价分值排名上升的 9 个地市中，排名上升最快的是开封市，由 2000 年的第 15 名上升为 2018 年的第 5 名；其次是焦作市、平顶山市，分别由 2000 年的第 12 名、第 13 名上升为 2018 年的第 8 名、第 9 名；其余地市的上升幅度不大。评价分值排名下降的 7 个地市中，郑州市的下降幅度最大，由 2000 年的第 2 名下降到 2018 年的第 10 名；其次是漯河市，由 2000 年的第 9 名下降到 2018 年的第 16 名；再次是安阳市，由 2000 年的第 8 名下降为 2018 年的第 13 名；其余地市的下降幅度不大。

2. 农业 R&D 科技人员数

如表 6 - 8 所示，从河南省各地市 2000 年和 2018 年农业 R&D 科技人员数评价分值排名对比来看，除三门峡市和南阳市的评价分值排名保持不变之外，其余地市均存在不同程度的变动。其中，评价分值排名上升的 8 个地市中，排名上升最快的是周口市、信阳市，分别由 2000 年的第 11 名、第 15 名上升为 2018 年的第 6 名、第 10 名；其次是商丘市，由 2000 年的第 8 名上升为 2018 年的第 4 名；其余地市的上升幅度不大。评价分值排名下降的 8 个地市中，许昌市的下降幅度最大，由 2000 年的第 4 名下降到 2018 年的第 13 名；其次是郑州市，由 2000 年的第 3 名下降到 2018 年的第 8 名；再次是焦作市，由 2000 年的第 6 名下降为 2018 年的第 9 名；其余地市的下降幅度不大。

3. 农业科技研究机构数

如表 6-8 所示，从河南省各地市 2000 年和 2018 年农业科技研究机构数评价分值排名对比来看，除郑州市、焦作市和南阳市的评价分值排名保持不变之外，其余地市均存在不同程度的变动。其中，评价分值排名上升的 7 个地市中，排名上升最大的是信阳市，由 2000 年的第 14 名上升为 2018 年的第 9 名；其次是平顶山市，由 2000 年的第 12 名上升为 2018 年的第 8 名；再次是周口市，由 2000 年的第 15 名上升为 2018 年的第 12 名；其余地市的上升幅度不大。评价分值排名下降的 8 个地市中，驻马店市的下降幅度最大，由 2000 年的第 6 名下降到 2018 年的第 11 名；其次是濮阳市，由 2000 年的第 10 名下降到 2018 年的第 14 名；再次是许昌市，由 2000 年的第 7 名下降为 2018 年的第 10 名；其余地市的下降幅度不大。

表 6-8　2000 年和 2018 年河南省各地市农业科技创新水平评价分值排名

地市	农业 R&D 经费		农业 R&D 科技人员数		农业科技研究机构数	
	2000 年	2018 年	2000 年	2018 年	2000 年	2018 年
郑州市	2	10	3	8	1	1
开封市	15	5	7	5	8	6
洛阳市	3	1	5	2	3	2
平顶山市	13	9	9	7	12	8
安阳市	8	13	10	11	11	13
鹤壁市	17	17	18	17	17	18
新乡市	4	3	2	3	2	3
焦作市	12	8	6	9	4	4
濮阳市	11	14	12	14	10	14
许昌市	5	7	4	13	7	10
漯河市	9	16	14	15	13	15

地市	农业 R&D 经费		农业 R&D 科技人员数		农业科技研究机构数	
	2000 年	2018 年	2000 年	2018 年	2000 年	2018 年
三门峡市	16	15	16	16	16	17
南阳市	1	2	1	1	5	5
商丘市	6	4	8	4	9	7
信阳市	7	6	15	10	14	9
周口市	10	11	11	6	15	12
驻马店市	14	12	13	12	6	11
济源市	18	18	17	18	18	16

第七章　河南省农业高质量发展水平综合评价

基于河南省农业高质量发展水平评价指标体系和评价模型，分别计算得出 2000～2018 年河南省农业高质量发展水平指数和各地市农业高质量发展水平的评价分值、排名情况，基于此，从时间和空间两个角度分析河南省各地市农业高质量发展水平的状况。

第一节　2000～2018 年河南省农业高质量发展水平综合评价结果分析

1. 2000～2018 年河南省综合评价结果分析

从表 7 - 1 中 2000～2018 年综合评价结果来看，河南省农业高质量发展水平指数总体呈先下降后上升的趋势。2000～2003 年，河南省农业高质量发展水平指数呈下降趋势，从 0.2927 下降到 0.2546。由表中可以看出，在这一阶段农业基础水平、农业生产水平、农业竞争力水平和农业科技创新水平的降低都给河南省农业高质量发展水平的提升造成了阻碍，使其重新进入起步阶段。2003～2018 年，农业高质量发展水平指数由 0.2546 上升至 0.7345，增幅达 188.49%。由此可见，该阶段在国家各种强农惠农政策的支持下，河南省农业高质量发展水平有了很大的提升，由表 7 - 1 可以看出，农业基础水平和农业可持续发展水平的降低阻碍了该阶段的发展，致使河南省农业高质量发展水平与高水平发展阶段还有较大距离。

从农业高质量发展水平的五个方面来看，截至 2018 年底，农业高质量发展水平的指标中指数最高的是农业生产水平（0.2000），农业科技创新水平（0.1690）与农业竞争力水平（0.1670）次之，农业基础水平（0.1034）居后，农业可持续发展水平（0.0952）最低。由此可知，河南省农业高质量发展水平虽整体提高，但其五个方面的发展各有差异，协调性不高。

表 7 - 1　2000～2018 年河南省农业高质量发展水平指数

年份	农业基础水平评价	农业生产水平评价	农业竞争力水平评价	农业可持续发展水平评价	农业科技创新水平评价	综合评价结果
2000	0.1176	0.0187	0.0388	0.1015	0.0161	0.2927
2001	0.1135	0.0191	0.0394	0.0898	0.0109	0.2728
2002	0.1085	0.0113	0.0429	0.0990	0.0092	0.2710
2003	0.1119	0.0037	0.0314	0.1061	0.0015	0.2546
2004	0.0880	0.0288	0.0590	0.1012	0.0133	0.2904
2005	0.0852	0.0389	0.0672	0.0943	0.0243	0.3099
2006	0.0863	0.0405	0.0734	0.0752	0.0307	0.3061
2007	0.0862	0.0490	0.0897	0.0712	0.0371	0.3331
2008	0.1090	0.0684	0.1042	0.0631	0.0484	0.3930
2009	0.1088	0.0770	0.1016	0.0977	0.0750	0.4602
2010	0.1053	0.1005	0.1166	0.0783	0.0908	0.4915
2011	0.0993	0.1172	0.1221	0.0678	0.0953	0.5017
2012	0.0853	0.1305	0.1311	0.0651	0.1096	0.5216
2013	0.0857	0.1457	0.1435	0.0576	0.1329	0.5653
2014	0.1062	0.1611	0.1510	0.0717	0.1456	0.6357
2015	0.1178	0.1667	0.1594	0.0701	0.1537	0.6676
2016	0.1151	0.1828	0.1592	0.0670	0.1677	0.6918
2017	0.1199	0.1914	0.1577	0.0747	0.1713	0.7151
2018	0.1034	0.2000	0.1670	0.0952	0.1690	0.7345

2. 农业高质量发展水平结构特征分析

从表 7 - 1 中的农业基础水平方面来看，2000～2018 年其指数呈下降—上升—下降—上升—下降的趋势，在农业高质量发展中仍处于较低水平。2005 年达到最低值，为 0.0852；2017 年达到最高值，为 0.1199。整体来看，第一产业就业人员比例降低 34%，隐性失业存在。但是农业机械总动力上升 77%，对农业基础水平提升的贡献最大。另外，有效灌溉系数下降 6.00%，因此，要完善农业水利基础设施，提升农业用水效率。

从表 7 - 1 中的农业生产水平方面来看，2000～2018 年其指数总体呈上升趋势，由 0.0187 增加到 0.2000。2001～2003 年有小幅下降，之后又快速上升。就具体指标来看，2018 年，各项指标基本达到峰值，说明河南省农业生产水平越来越高，主要得益于河南省乡村振兴战略的实施，农业农村经济稳步发展，特色农畜产品大幅度增长。

从表 7-1 中的农业竞争力水平方面来看，2000～2018 年其指数总体呈上升趋势，由 0.0388 上升到 0.1670。就具体指标而言，2018 年，粮食总产量、农作物播种面积、劳动生产率、土地产出率和单位面积农业产值基本达到峰值，而第一产业增加值占地区生产总值比重总体呈下降趋势，在一定程度上给农业竞争力水平的提升造成了阻碍。

从表 7-1 中的农业可持续发展水平方面来看，2000～2018 年其指数一直在 0.0576～0.1061 波动，总体呈下降趋势。具体来看，单位水耗农业产值总体呈上升趋势，而人均耕地面积、农药施用强度、化肥施用强度和农用塑料薄膜使用强度均呈先上升后下降的趋势。由此可以发现，人们的环境保护意识不断增强，可持续发展理念深入人心；同时也离不开河南省政府严格监管农药、化肥等投入品，持续推进循环生态农业建设，加强农业资源保护和农业生态环境治理。但由表 7-1 可知，农业可持续发展仍处于低水平阶段，优质农产品供给能力有待提升，生态环境在一定程度上制约着河南省农业高质量发展。

从表 7-1 中的农业科技创新水平方面来看，2000～2018 年其指数由 0.0161 上升到 0.1690，2000～2003 年有小幅下降，2003 年之后平稳上升，2017 年达到峰值，2018 年又开始下降。具体来看，农业 R&D 经费总体呈上升趋势，但农业 R&D 科技人员数 2014 年之后开始下降和农业科技研究机构数 2017 年之后开始下降也助推了河南省农业科技创新水平 2017 年之后开始下降。以上分析表明，河南省农业发展中人力资本不足是河南省农业高质量发展急需补齐的短板。应加大教育投入，从教育水平的提高上保障劳动者科技文化素质的提高和创新能力的提升。

第二节　河南省各地市农业高质量发展水平综合评价结果分析

一　2000 年河南省各地市综合评价结果分析

由表 7-2 可以看出，2000 年河南省各地市农业高质量发展水平差异较大。2000 年河南省农业高质量发展水平排前 3 名的地市分别为南阳市、商丘市和周口市；其次为新乡市、信阳市、许昌市、开封市、驻马店市、焦作市、漯河市和郑州市；其余地市的分值均位于均值以下，最低的是三门峡市，只有均值的 45.24%。

从各准则层来看，河南省 18 个地市农业高质量发展水平及其内部结构之间也存在较大差异。如表 7-2 所示，河南省各地市准则层排名和综合评价结果的排名存在显著的差别，以南阳市为例，尽管其综合评价结果排第1 名，但是农业基础水平、农业竞争力水平和农业可持续发展水平得分较低，分别排第 4 名、第 3 名和第 3 名；综合评价结果排第 2 名的商丘市，其农业生产水平和农业科技创新水平得分分别排第 4 名和第 7 名。可见无论农业高质量发展水平高低与否，都存在具有地区发展特点的比较优势和相对劣势。

表 7-2 2000 年河南省准则层和综合评价的分值及排名

地市	农业基础水平评价		农业生产水平评价		农业竞争力水平评价		农业可持续发展水平评价		农业科技创新水平评价		综合评价结果	
	分值	排名	分值	排名	分值	排名	分值	排名	分值	排名	分值	排名
郑州市	0.07	14	0.08	6	0.05	15	0.06	15	0.17	1	0.42	11
开封市	0.11	7	0.07	8	0.11	5	0.12	6	0.04	12	0.46	7
洛阳市	0.06	15	0.06	16	0.03	18	0.03	18	0.10	4	0.28	15
平顶山市	0.06	16	0.07	11	0.05	17	0.05	17	0.04	9	0.26	16
安阳市	0.09	10	0.06	17	0.07	14	0.07	14	0.05	8	0.34	13
鹤壁市	0.07	12	0.04	18	0.08	12	0.09	11	0.00	17	0.29	14
新乡市	0.12	5	0.07	9	0.10	9	0.11	9	0.12	3	0.52	4
焦作市	0.08	11	0.08	7	0.11	6	0.11	8	0.05	6	0.43	9
濮阳市	0.07	13	0.06	14	0.08	11	0.09	12	0.00	11	0.34	12
许昌市	0.09	8	0.09	5	0.11	7	0.11	7	0.09	5	0.48	6
漯河市	0.09	9	0.07	12	0.10	8	0.13	5	0.03	14	0.42	10
三门峡市	0.02	18	0.06	13	0.05	16	0.05	16	0.01	16	0.19	18
南阳市	0.13	4	0.15	1	0.13	3	0.14	3	0.15	2	0.71	1
商丘市	0.16	2	0.09	4	0.15	1	0.16	1	0.05	7	0.61	2
信阳市	0.11	6	0.10	2	0.12	4	0.13	4	0.03	13	0.49	5
周口市	0.17	1	0.09	3	0.14	2	0.15	2	0.04	10	0.59	3
驻马店市	0.15	3	0.07	10	0.10	10	0.10	10	0.02	15	0.45	8
济源市	0.04	17	0.06	15	0.08	13	0.08	13	0.00	18	0.26	17

二 2018 年河南省各地市综合评价结果分析

由表 7 - 3 可以看出,2018 年河南省各地市农业高质量发展水平差异也较大。2018 年河南省农业高质量发展水平排前 3 名的地市分别为南阳市、信阳市和商丘市;其次为周口市、驻马店市、开封市、洛阳市、新乡市和焦作市;其余地市的分值均位于均值以下,最低的是济源市,只有均值的 24.39%。

从各准则层来看,信阳市的综合评价结果排第 2 名,但农业科技创新水平排第 8 名;周口市的综合评价结果排第 4 名,但农业科技创新水平排第 11 名;洛阳市的农业科技创新水平排第 1 名,但综合评价结果排第 7 名。各地市内部结构之间也存在较大差异,因此,各地市应根据自身的短板加大投入,促进农业高质量协调发展。

表 7 - 3 2018 年河南省准则层和综合评价的分值及排名

地市	农业基础水平评价		农业生产水平评价		农业竞争力水平评价		农业可持续发展水平评价		农业科技创新水平评价		综合评价结果	
	分值	排名	分值	排名	分值	排名	分值	排名	分值	排名	分值	排名
郑州市	0.05	16	0.07	11	0.05	16	0.05	15	0.13	3	0.35	12
开封市	0.08	7	0.09	7	0.12	6	0.14	1	0.08	6	0.51	6
洛阳市	0.07	11	0.10	5	0.08	11	0.08	13	0.15	1	0.47	7
平顶山市	0.08	8	0.07	12	0.05	15	0.04	17	0.07	9	0.31	14
安阳市	0.08	9	0.06	13	0.07	12	0.08	11	0.05	13	0.34	13
鹤壁市	0.05	17	0.04	17	0.06	14	0.07	14	0.00	17	0.23	17
新乡市	0.09	6	0.06	14	0.08	10	0.10	9	0.12	4	0.45	8
焦作市	0.06	13	0.08	10	0.10	8	0.11	7	0.07	7	0.42	9
濮阳市	0.07	10	0.09	9	0.09	9	0.09	10	0.03	14	0.36	11
许昌市	0.07	12	0.05	16	0.05	17	0.05	16	0.06	10	0.27	16
漯河市	0.05	14	0.05	15	0.08	13	0.08	12	0.02	15	0.27	15
三门峡市	0.05	15	0.11	2	0.10	7	0.10	8	0.02	16	0.39	10
南阳市	0.15	1	0.11	3	0.12	4	0.13	5	0.14	2	0.65	1
商丘市	0.11	4	0.09	6	0.13	3	0.14	2	0.09	5	0.56	3
信阳市	0.11	5	0.14	1	0.14	1	0.14	3	0.07	8	0.60	2
周口市	0.13	3	0.10	4	0.13	2	0.13	4	0.06	11	0.56	4

续表

地市	农业基础水平评价		农业生产水平评价		农业竞争力水平评价		农业可持续发展水平评价		农业科技创新水平评价		综合评价结果	
	分值	排名	分值	排名	分值	排名	分值	排名	分值	排名	分值	排名
驻马店市	0.13	2	0.09	8	0.12	5	0.13	6	0.05	12	0.52	5
济源市	0.02	18	0.04	18	0.03	18	0.02	18	0.00	18	0.10	18

三 2000年和2018年河南省各地市农业高质量发展水平综合评价结果分析

通过表7-4对比2000年和2018年河南省各地市农业高质量发展水平综合评价结果得出,南阳市始终排第1名,但综合评价分值有所下降,由2000年的0.71下降到2018年的0.65,说明河南省农业高质量发展水平整体处于下降趋势。在河南省的18个地市中,除南阳市、安阳市和焦作市的排名保持不变之外,2018年有7个地市的农业高质量发展水平综合评价结果排名高于2000年,分别是洛阳市、三门峡市、信阳市、驻马店市、平顶山市、开封市和濮阳市,其余地市的排名均有所降低。

从区域来看,2000年排前5名的地市为南阳市、商丘市、周口市、新乡市和信阳市,2018年排前5名的地市为南阳市、信阳市、商丘市、周口市和驻马店市,新乡市由第4名下降到第8名,而驻马店市则由第8名上升到第5名,其余4个地市均始终处于前5名之列。2000年排后5名的地市为三门峡市、济源市、平顶山市、洛阳市和鹤壁市,2018年排后5名的地市为济源市、鹤壁市、许昌市、漯河市和平顶山市,三门峡市和洛阳市已由2000年的第18名和第15名上升到2018年的第10名和第7名。2018年排最后1名的济源市,其分值仅占均值的24.39%;排第1名的是南阳市,其分值占均值的158.54%。由此可见,各地市农业高质量发展水平存在地区差异,且地区内部也存在较大差别(见图7-1)。

表7-4 2000年和2018年河南省农业高质量发展水平综合评价结果

地市	2000年		2018年		增长量(分)
	分值	排名	分值	排名	
郑州市	0.42	11	0.35	12	-0.07

续表

地市	2000 年		2018 年		增长量（分）
	分值	排名	分值	排名	
开封市	0.46	7	0.51	6	0.06
洛阳市	0.28	15	0.47	7	0.19
平顶山市	0.26	16	0.31	14	0.05
安阳市	0.34	13	0.34	13	0.00
鹤壁市	0.29	14	0.23	17	− 0.06
新乡市	0.52	4	0.45	8	− 0.07
焦作市	0.43	9	0.42	9	− 0.01
濮阳市	0.34	12	0.36	11	0.02
许昌市	0.48	6	0.27	16	− 0.22
漯河市	0.42	10	0.27	15	− 0.15
三门峡市	0.19	18	0.39	10	0.20
南阳市	0.71	1	0.65	1	− 0.06
商丘市	0.61	2	0.56	3	− 0.05
信阳市	0.49	5	0.60	2	0.11
周口市	0.59	3	0.56	4	− 0.03
驻马店市	0.45	8	0.52	5	0.07
济源市	0.26	17	0.10	18	− 0.15

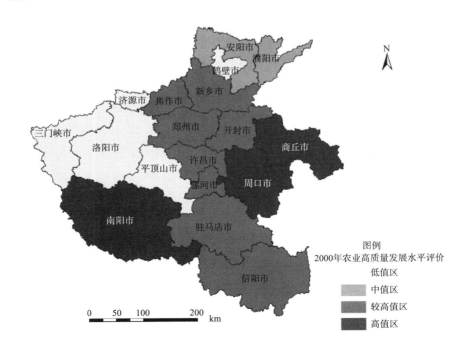

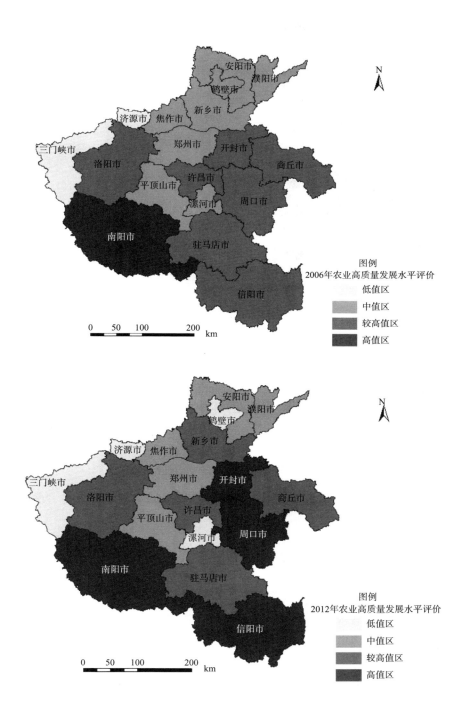

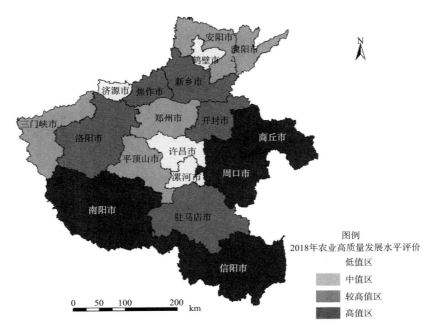

图 7-1　部分年份河南省各地市农业高质量发展水平评价结果空间分布变化

第三节　结论及建议

一　结论

本书通过构建农业高质量发展水平评价指标体系，对河南省 2000 ~ 2018 年农业高质量发展水平进行测度，得出以下主要结论。

第一，河南省农业高质量发展水平的时序变化分析表明，2000 ~ 2018 年，河南省农业高质量发展水平虽有小幅波动，但整体呈增长态势，由 2000 年的 0.2927 上升到 2018 年的 0.7345，年均增长率为 5.24%，河南省 的农业高质量发展水平有了很大的提升。

第二，从准则层来看，2000 ~ 2018 年河南省农业生产水平、农业竞争 力水平和农业科技创新水平均有不同程度的上升，但农业基础水平和农业 可持续发展水平总体呈下降趋势，阻碍了农业高质量发展水平的提升，致 使河南省农业高质量发展水平与高水平发展阶段还有较大距离。

第三，从各地市来看，河南省各地市农业高质量发展水平和增长速度差异较大，2018年南阳市、信阳市、商丘市、周口市和驻马店市的农业高质量发展水平处于领先地位，济源市、鹤壁市、许昌市、漯河市和平顶山市的增长速度则明显处于下游水平。但在各地市的主要指标中，无论农业高质量发展水平如何，均有各自的比较优势和相对劣势，应根据各地市农业高质量发展的短板来制定相应的发展策略。

第四，河南省作为农业大省，长期面临农业发展"大而不强"的境遇，在乡村振兴、中部崛起等现实需求面前，应加大投入提高农业高质量发展水平，增强农业发展核心竞争力，使河南省由农业大省顺利向农业强省转变。

二 建议

1. 围绕优势特色主导产业，建立高质量发展标准体系

借鉴特色区域农业高质量发展的成功经验，完善标准体系，制定符合绿色发展要求的现代农业生产技术标准、农业基础设施标准和农业机械化标准。加快标准推广应用，全面推行绿色食品、有机农产品、地理标志农产品的生产，推动农业企业、农民专业合作社和家庭农场等新型农业经营主体按标生产，鼓励农产品出口企业开展农业良好规范认证，建设一批农业标准化示范基地。推行标准化管理，推动"菜篮子"大县、农产品质量安全县、现代农业产业园等整建制开展标准化建设。此外，高质量发展标准，要以安全为底线、以质量为高线，不仅仅要突出农药残留食品安全指标，更要突出能反映产品地域特色的食味、营养指标。

2. 树牢绿色发展理念，推动生产、生活、生态协调发展

加强农业资源保护和高效利用，大力发展节水、节肥、节药、节地农业。积极发展生态循环农业，推进畜禽粪污、秸秆、农膜、农产品加工副产物等资源化利用。探索建立农业绿色发展机制，严格落实生态保护红线、环境质量底线、资源利用上线和生态环境准入清单管理制度，建设一批各具特色的农业绿色发展先行区。

3. 放活土地经营权，促进农业规模化经营

巩固和完善农村基本经营制度，进一步放活土地经营权，加快土地托管和流转，开展单品种集中连片种植，发展多种形式的适度规模经营。发

展规模化养殖，支持规模养殖场建设，发展畜禽养殖合作组织。根据不同种养品种、技术水平和生产方式，合理确定适度规模经营面积。在引导土地资源适度聚集的同时，通过农民合作与联合、开展社会化服务、发展订单农业等多种形式，带动小农户发展，提升农业规模化经营水平。

4. 以市场为导向，推进优势特色产业集群培育

以市场为导向，以效益为中心，跨界配置农业和现代产业要素，推动种养加、产供销、贸工农有机结合，延长产业链，提升价值链，打造供应链，促进产业深度交叉融合。发挥区域特色资源优势，推进全产业链开发、全价值链提升，打造结构合理、链条完整的优势特色产业集群。推动产业形态由"小特产"升级为"大产业"，空间布局由"平面分布"转型为"集群发展"，主体关系由"同质竞争"转变为"合作共赢"。积极培育豫西南黄牛、伏牛山香菇等优势特色产业集群，支持速冻食品、休闲食品、调味品和肉牛、奶牛、花生、茶叶、苹果、食用菌、中药材等产业基础好、发展潜力大、集中连片的地区开展优势特色产业集群创建。

5. 依托高校、科研院所加快培育创新人才，打造农业科技创新平台

支持高校、科研院所、农业高新技术企业组建产业创新联盟、创新中心、重点实验室等，加快建设国家生物育种产业创新中心、国家农机装备创新中心、国际玉米小麦改良中心、省农业供给安全重点实验室，推动建设国家级小麦种质资源库，构建农业科技园区体系，完善现代农业产业技术体系，争创国家农业高新技术产业示范区，打造农业科技创新平台。开展农业全产业链科技攻关，以良种繁育、农机装备、农产品加工等为重点，突破一批关键技术。加快农业科技成果转化应用，强化农技推广网络建设，构建"农科教推、产学研用"推广新机制。开展高素质农民培育，推进农民技能培训与学历教育有效衔接。

参考文献

陈晓明、王程龙、薄瑞，2016，《中国农药使用现状及对策建议》，《农药科学与管理》第 2 期。

陈学云、程长明、张敏，2019，《安徽农业科技创新效率测度与创新能力提升对策》，《科技与经济》第 4 期。

陈振、郑锐、李佩华等，2018，《河南省农业科技创新效率评价与分析》，《河南农业大学学报》第 3 期。

程长明、陈学云，2020，《安徽省粮食生产现代化与科技创新协调发展研究》，《中国农业资源与区划》第 9 期。

邓灿辉、马巧云、魏莉丽，2020，《我国农业科技创新效率的区域差异及其影响因素研究》，《中国农业资源与区划》第 5 期。

巩一飞，2018，《山西省农业竞争力评价研究——基于主成分分析法》，硕士学位论文，长江大学。

谷洪波、吴闯，2019，《我国中部六省农业高质量发展评价研究》，《云南农业大学学报》（社会科学）第 6 期。

郭婧煜、樊帆，2020，《长江经济带农业科技创新效率及影响因素研究》，《科学管理研究》第 3 期。

胡从九，2019，《浅析农业高质量发展》，《中国农垦》第 12 期。

李兆亮、罗小锋、张俊飚等，2017，《中国不同类型农业 R&D 投入分布的动态演变及其影响因素分析》，《中国科技论坛》第 1 期。

刘俊、但文红、程东亚等，2020，《云南省农业可持续发展评价及其子系统耦合协调性关系研究》，《生态经济》第 4 期。

刘磊，2019，《河北省绿色农业竞争力评价研究》，硕士学位论文，河北大学。

马兆嵘、刘有胜、张芊芊等，2020，《农用塑料薄膜使用现状与环境污染分析》，《生态毒理学报》第 4 期。

齐亚曼，2019，《河南省耕地生产能力及承载力时空变化研究》，硕士学位论文，河南财经政法大学。

舒琳，2013，《都市区高标准基本农田建设评价研究与应用》，硕士学位论文，江西农业大学。

汤庆新、张保华、张怀珍等，2019，《山东省有效灌溉面积时空动态变化》，《山东农业大学学报》（自然科学版）第 5 期。

王雅琪，2019，《中国第一产业从业人员的分布特征分析》，《海峡科技与产业》第 3 期。

魏素豪、李晶、李泽怡、宗刚，2020，《中国农业竞争力时空格局演化及其影响因素》，《地理学报》第 6 期。

杨枝茂，2019，《河南绿色农业发展效率评价及提升路径研究》，《农村经济与科技》第 20 期。

张洪轩、苏姝羽，2020，《安徽省 R&D 经费投入与经济增长关系的研究》，《中国商论》第 14 期。

张欣婧，2019，《河南省耕地复种指数时空变化及影响因素研究》，硕士学位论文，河南农业大学。

张宇、岑云峰、张鹏岩等，2019，《河南省耕地多功能时空演变及耦合分析》，《河南大学学报》（自然科学版）第 5 期。

附　录

附表 1 - 1　2000~2018 年河南省耕地面积

单位：千公顷

年份	河南省	郑州市	开封市	洛阳市	平顶山市	安阳市	鹤壁市	新乡市	焦作市
2000	6875.30	292.08	363.84	387.71	304.57	363.64	99.53	375.63	171.92
2001	6907.30	289.91	363.40	382.54	303.54	366.69	98.93	374.73	175.62
2002	7262.80	333.65	397.00	369.05	313.49	398.70	98.95	396.31	183.45
2003	7187.20	330.55	394.21	360.17	312.92	395.16	96.08	387.68	192.43
2004	7177.50	330.14	394.44	358.25	315.42	395.16	96.14	386.29	181.91
2005	7201.20	330.67	394.34	357.98	315.42	395.02	96.15	403.27	181.85
2006	7202.40	296.56	394.04	371.33	312.90	394.61	96.29	403.05	181.65
2007	7201.90	295.69	394.04	356.10	312.90	394.70	96.38	403.10	181.70
2008	7202.20	294.40	394.00	355.57	312.90	394.60	96.16	403.00	181.70
2009	8192.00	340.51	417.57	435.08	323.66	411.38	124.42	475.36	195.60
2010	8177.50	337.64	417.30	434.07	322.00	410.15	123.38	475.22	196.45
2011	8161.90	333.80	416.53	433.14	321.63	409.74	122.51	474.87	195.25

---

* 资料来源为《河南统计年鉴》（2001~2019 年），其中农业用水量来自《河南省水资源公报》（2000~2018 年）。

续表

年份	河南省	郑州市	开封市	洛阳市	平顶山市	安阳市	鹤壁市	新乡市	焦作市
2012	8156.80	331.79	416.17	432.60	321.80	410.02	121.79	475.51	195.64
2013	8140.70	328.68	414.37	432.61	321.75	409.87	120.62	475.41	195.34
2014	8126.10	325.06	414.30	432.08	320.16	409.13	119.64	474.56	195.18
2015	8105.90	319.18	413.98	430.93	319.51	407.77	119.67	473.10	194.89
2016	8111.00	315.75	416.30	430.79	320.38	407.15	119.60	472.81	195.16
2017	8112.28	314.92	416.03	433.86	320.11	407.12	119.25	472.19	195.75
2018	8158.29	314.14	418.04	434.44	322.47	408.74	119.67	475.66	196.69
2008－2000	326.90	2.32	30.16	-32.14	8.33	30.96	-3.37	27.37	9.78
2018－2009	-33.71	-26.37	0.47	-0.64	-1.19	-2.64	-4.75	0.30	1.09

注：年份所在列的"－"为减号，下同。

附表 1－2　2000～2018 年河南省耕地面积

单位：千公顷

年份	濮阳市	许昌市	漯河市	三门峡市	南阳市	商丘市	信阳市	周口市	驻马店市	济源市
2000	245.93	305.40	165.64	155.28	874.42	624.58	518.20	773.90	819.39	35.12
2001	246.25	305.08	165.44	154.00	891.94	623.92	516.41	783.70	833.32	33.34
2002	268.75	326.40	166.48	171.91	951.50	668.33	585.10	826.00	828.32	34.91
2003	270.17	325.50	166.42	159.00	940.66	666.40	570.60	825.90	826.36	34.87
2004	268.89	325.50	166.33	157.20	939.77	666.40	568.00	826.20	826.31	34.87
2005	268.88	325.49	166.33	162.40	939.16	666.50	567.90	826.20	826.97	34.73
2006	247.87	325.50	165.73	163.30	941.25	666.60	568.61	826.20	827.27	34.74
2007	248.37	325.60	165.70	163.20	941.15	666.60	568.64	826.20	827.27	34.80

续表

年份	濮阳市	许昌市	漯河市	三门峡市	南阳市	商丘市	信阳市	周口市	驻马店市	济源市
2008	248.50	325.59	165.70	164.37	941.80	666.60	568.90	826.20	827.58	34.80
2009	282.49	344.98	190.68	177.56	1059.90	709.04	839.75	862.12	954.75	47.16
2010	282.67	343.49	191.14	177.00	1057.20	708.39	838.56	860.72	955.08	46.99
2011	283.16	340.95	190.66	176.53	1055.94	708.73	839.09	859.31	953.30	46.77
2012	283.63	339.49	190.53	176.98	1056.91	708.35	839.75	857.77	951.59	46.45
2013	283.28	338.84	190.16	176.90	1054.45	706.94	839.39	856.19	949.85	46.07
2014	282.85	337.42	189.63	176.66	1053.36	705.78	840.54	854.78	948.95	45.98
2015	282.70	335.85	188.82	176.16	1051.69	704.00	841.78	853.06	947.08	45.78
2016	282.83	335.99	190.01	175.93	1052.18	707.81	840.95	856.13	945.51	45.73
2017	281.10	336.22	190.09	175.57	1052.19	707.74	841.67	857.34	945.40	45.72
2018	281.22	337.89	190.24	179.72	1055.84	716.30	850.16	858.86	952.16	46.05
2008－2000	2.57	20.19	0.06	9.09	67.38	42.02	50.70	52.30	8.19	-0.32
2018－2009	-1.27	-7.09	-0.44	2.16	-4.06	7.26	10.41	-3.26	-2.59	-1.11

附表 2-1 2000~2018 年河南省第一产业就业人员

单位：万人，%

年份	河南省	郑州市	开封市	洛阳市	平顶山市	安阳市	鹤壁市	新乡市	焦作市
2000	3564.00	149.38	187.09	221.50	186.82	196.63	49.32	196.51	96.32
2001	3477.71	144.86	187.71	217.90	185.70	195.25	48.66	165.14	98.28
2002	3398.00	121.48	184.09	198.59	188.48	194.38	47.25	158.64	94.00
2003	3331.86	134.54	185.97	206.42	178.89	188.79	45.32	161.93	94.43

续表

年份	河南省	郑州市	开封市	洛阳市	平顶山市	安阳市	鹤壁市	新乡市	焦作市
2004	3246.00	131.66	179.88	197.06	173.99	186.37	38.90	161.09	91.56
2005	3139.00	128.83	179.49	182.12	166.65	175.49	36.43	154.87	89.24
2006	3050.00	120.48	178.28	178.40	162.14	162.58	35.42	149.79	85.85
2007	2920.00	107.91	178.20	169.04	155.37	154.87	32.77	139.92	83.65
2008	2847.31	87.30	165.00	146.50	157.87	153.36	31.79	134.71	83.13
2009	2764.86	112.59	158.00	154.92	160.21	151.20	31.23	166.14	81.43
2010	2712.00	101.04	158.32	153.34	147.69	151.33	31.03	126.11	80.94
2011	2670.45	100.27	148.72	151.94	144.20	146.38	31.03	125.00	79.91
2012	2628.01	99.71	142.11	153.01	144.26	138.44	30.08	123.63	78.17
2013	2562.60	96.29	137.68	149.51	142.16	139.65	27.47	110.13	76.04
2014	2651.74	105.64	135.64	157.59	146.70	155.81	27.94	111.02	75.94
2015	2587.00	95.29	136.06	160.84	151.21	127.91	28.18	114.85	76.18
2016	2582.92	94.41	116.80	152.61	156.99	129.30	28.88	122.41	75.70
2017	2494.27	91.52	118.08	155.10	155.43	129.23	27.74	124.88	75.67
2018	2366.00	91.45	131.42	153.92	153.50	113.96	31.23	117.98	69.95
2018-2000	-1198.00	-57.93	-55.67	-67.58	-33.32	-82.67	-18.09	-78.53	-26.37
增长率	-33.61	-38.78	-29.76	-30.51	-17.84	-42.04	-36.68	-39.96	-27.38

附表 2-2 2000~2018 年河南省第一产业就业人员

单位：万人，%

年份	濮阳市	许昌市	漯河市	三门峡市	南阳市	商丘市	信阳市	周口市	驻马店市	济源市
2000	136.20	160.74	84.45	72.16	431.94	321.82	260.52	423.13	369.58	20.07

续表

年份	濮阳市	许昌市	漯河市	三门峡市	南阳市	商丘市	信阳市	周口市	驻马店市	济源市
2001	139.63	162.44	85.88	71.16	400.23	328.25	252.22	415.87	363.94	19.16
2002	141.72	163.37	80.98	68.71	406.34	307.72	240.19	551.22	348.82	17.73
2003	135.09	159.14	80.40	68.17	377.35	307.69	247.02	399.84	342.38	18.45
2004	129.32	149.02	79.82	67.56	377.32	300.97	243.47	388.89	331.23	17.55
2005	126.89	138.84	78.71	66.89	357.74	291.48	236.53	383.18	330.69	15.17
2006	114.85	133.56	77.86	66.23	353.86	291.91	237.15	357.82	308.20	14.37
2007	116.79	121.47	75.62	65.35	343.12	275.73	226.79	360.23	304.78	13.17
2008	146.20	114.38	71.16	64.87	341.07	280.25	232.18	356.19	285.30	12.50
2009	150.35	106.45	70.74	76.13	334.96	275.11	239.79	360.15	272.80	13.00
2010	115.56	105.95	69.80	61.89	330.41	235.98	216.04	331.44	285.94	13.14
2011	87.19	99.30	69.55	63.07	337.48	229.06	213.08	330.14	275.61	15.69
2012	109.96	104.16	69.64	62.23	333.12	224.49	213.64	319.71	274.80	13.99
2013	117.24	98.99	69.68	62.88	319.98	223.29	208.75	311.63	261.48	13.78
2014	114.06	121.19	76.96	61.58	326.99	227.03	219.12	306.72	245.69	13.94
2015	105.97	115.99	77.64	62.50	332.99	229.51	221.13	306.39	236.21	14.63
2016	103.28	120.53	77.25	63.32	332.25	221.03	222.46	305.59	235.16	14.86
2017	106.98	120.15	79.01	62.88	333.74	222.63	227.84	310.97	235.76	14.84
2018	98.46	107.00	72.99	61.99	321.69	202.75	223.79	305.27	232.49	13.78
2018－2000	-37.74	-53.74	-11.46	-10.17	-110.25	-119.07	-36.73	-117.86	-137.09	-6.29
增长率	-27.71	-33.43	-13.57	-14.09	-25.52	-37.00	-14.10	-27.85	-37.09	-31.34

附表 3－1　2000～2018 年河南省农业机械总动力

单位：万千瓦，%

年份	河南省	郑州市	开封市	洛阳市	平顶山市	安阳市	鹤壁市	新乡市	焦作市
2000	5780.6	359.52	369.98	301.62	174.55	402.52	140.46	483.49	311.10
2001	6078.7	361.28	389.68	318.85	172.44	410.85	136.01	515.15	310.29
2002	6548.2	377.51	446.71	328.46	183.61	426.47	139.75	535.40	324.53
2003	6953.2	404.47	481.67	341.77	199.66	436.56	149.65	565.03	333.91
2004	7521.1	411.12	616.10	364.64	222.07	471.76	159.14	584.43	340.68
2005	7934.2	415.22	629.09	384.24	242.59	475.90	168.41	597.82	343.95
2006	8309.1	422.97	612.81	382.81	272.10	490.51	184.57	610.72	349.83
2007	8718.7	431.65	633.34	399.44	289.56	514.64	190.23	622.41	353.32
2008	9429.3	446.48	645.88	427.05	319.44	529.82	207.36	635.02	359.76
2009	9817.9	453.65	659.12	441.94	337.00	549.05	210.15	657.60	369.07
2010	10195.88	504.34	668.39	457.86	344.85	568.88	216.11	678.58	378.41
2011	10515.79	521.22	681.24	471.56	362.07	583.03	223.54	703.13	385.13
2012	10872.73	547.19	696.74	478.18	377.20	601.98	231.65	725.71	392.58
2013	11149.96	561.48	712.60	492.04	394.39	617.87	235.05	741.42	400.62
2014	11476.81	576.30	760.70	501.00	405.50	632.00	240.50	754.20	405.80
2015	11710.08	582.00	779.00	509.70	414.20	650.50	242.50	766.30	410.70
2016	9858.82	433.10	566.80	516.90	378.20	541.00	218.70	739.40	231.30
2017	10038.32	438.00	578.10	524.80	398.30	555.30	223.60	755.70	243.50
2018	10204.46	441.00	584.00	535.00	402.00	493.00	231.00	768.00	251.00
2018－2000	4423.86	81.48	214.02	233.38	227.45	90.48	90.54	284.51	-60.10
增长率	76.53	22.66	57.85	77.38	130.31	22.48	64.46	58.85	-19.32

附表 3 - 2　2000～2018 年河南省农业机械总动力

单位：万千瓦，%

年份	濮阳市	许昌市	漯河市	三门峡市	南阳市	商丘市	信阳市	周口市	驻马店市	济源市
2000	259.06	233.05	167.70	124.92	354.24	610.65	261.52	660.59	512.89	52.72
2001	274.27	250.42	175.80	117.67	362.97	696.57	256.83	707.27	563.26	59.08
2002	326.55	269.85	187.02	124.54	405.16	754.80	264.66	768.25	621.60	63.34
2003	341.69	290.58	204.11	128.36	436.13	821.88	274.13	793.86	678.89	70.80
2004	359.49	303.57	204.83	134.86	529.19	884.75	282.39	835.99	738.64	77.57
2005	378.63	318.93	216.93	139.22	608.07	942.23	296.10	872.78	817.80	86.31
2006	383.35	328.46	230.77	145.87	692.99	1005.36	315.87	908.88	876.93	94.33
2007	390.23	344.05	237.81	148.93	791.95	1043.88	350.09	933.90	943.63	99.65
2008	392.54	346.54	238.69	154.39	1044.40	1067.60	380.75	976.52	1156.70	100.24
2009	399.09	350.62	244.60	161.60	1075.60	1093.90	416.50	1024.90	1271.50	102.02
2010	407.41	355.12	249.99	164.95	1120.50	1123.10	461.13	1064.20	1326.90	105.22
2011	418.36	361.43	255.14	170.00	1165.63	1140.29	510.48	1094.21	1361.44	107.86
2012	432.94	369.37	261.16	173.51	1252.75	1161.63	552.67	1119.67	1388.25	109.58
2013	442.16	374.93	267.80	175.24	1307.85	1176.14	580.01	1143.72	1416.20	110.47
2014	450.90	384.00	275.00	176.50	1381.10	1192.90	613.20	1170.60	1445.20	111.40
2015	458.10	391.30	281.00	177.40	1417.60	1208.50	642.10	1197.90	1468.70	112.40
2016	409.10	366.80	247.30	116.80	1368.90	818.70	603.50	917.60	1308.90	72.00
2017	360.10	366.80	249.30	117.50	1408.30	838.60	634.90	939.70	1333.40	72.40
2018	368.00	383.00	253.00	119.00	1434.00	865.00	664.00	962.00	1379.00	74.00
2018 - 2000	108.94	149.95	85.30	-5.92	1079.76	254.35	402.48	301.41	866.11	21.28
增长率	42.05	64.34	50.86	-4.74	304.81	41.65	153.90	45.63	168.87	40.36

附表 4－1 2000～2018 年河南省耕地有效灌溉面积

单位：公顷，%

年份	河南省	郑州市	开封市	洛阳市	平顶山市	安阳市	鹤壁市	新乡市	焦作市
2000	4725.31	184.45	322.78	138.61	181.07	284.57	82.26	330.28	157.80
2001	4766.00	184.71	326.07	138.78	182.59	287.53	82.43	331.48	156.61
2002	4802.36	182.90	326.20	138.10	185.00	289.30	82.60	328.50	156.30
2003	4792.22	180.20	312.20	133.60	187.30	291.70	83.10	328.50	156.20
2004	4829.10	179.80	312.70	133.20	188.50	294.20	83.40	327.80	157.90
2005	4864.12	180.42	314.42	134.51	189.74	296.00	84.00	326.93	158.30
2006	4918.80	185.00	315.90	136.30	191.30	298.20	84.20	326.20	158.80
2007	4955.84	185.10	316.20	137.50	192.80	300.40	84.30	326.50	161.20
2008	4989.20	187.77	316.78	138.22	194.73	293.27	84.44	327.10	161.23
2009	5033.03	191.81	321.40	139.40	197.70	298.11	83.88	327.41	161.94
2010	5080.96	196.03	322.39	140.08	200.28	297.14	83.49	328.23	161.53
2011	5150.44	196.31	323.90	141.94	205.96	298.83	83.17	329.06	162.09
2012	4922.72	196.31	323.90	141.94	205.96	298.83	83.17	329.06	162.09
2013	4969.11	188.09	332.54	131.75	180.32	278.76	87.61	358.58	169.72
2014	5101.74	189.45	328.33	134.86	193.77	284.68	89.19	359.39	169.01
2015	5210.64	191.09	336.16	145.18	197.87	294.59	89.36	360.25	167.22
2016	5244.49	191.81	335.44	145.55	201.87	296.03	89.45	360.94	170.83
2017	5273.63	191.65	335.45	146.49	208.88	299.56	89.45	361.90	172.78
2018	5288.69	190.84	336.17	146.81	210.08	301.20	89.64	362.69	172.86
2018－2000	563.38	6.39	13.39	8.20	29.01	16.63	7.38	32.41	15.06
增长率	11.92	3.46	4.15	5.92	16.02	5.84	8.97	9.81	9.54

附表 4 - 2　2000～2018 年河南省耕地有效灌溉面积

单位：公顷，%

年份	濮阳市	许昌市	漯河市	三门峡市	南阳市	商丘市	信阳市	周口市	驻马店市	济源市
2000	224.67	225.34	140.34	48.16	431.54	581.87	367.63	583.21	416.43	24.30
2001	225.18	227.34	142.12	49.47	432.27	585.09	372.12	589.53	428.95	23.73
2002	223.60	228.80	143.60	50.40	433.40	589.30	379.70	596.80	445.30	22.20
2003	208.10	229.60	145.00	50.30	437.00	591.00	389.20	588.20	459.60	21.20
2004	212.20	230.00	145.40	51.30	442.10	591.90	397.40	583.80	476.50	20.90
2005	213.60	230.90	145.30	52.80	442.60	593.00	408.31	580.40	492.74	20.03
2006	215.70	232.70	146.00	52.60	449.60	593.30	424.00	586.70	501.80	20.70
2007	216.40	233.50	146.60	51.30	450.70	596.70	436.10	588.80	511.40	20.50
2008	215.86	234.75	147.31	52.44	456.07	605.66	444.80	590.18	518.24	20.35
2009	217.86	237.27	149.64	53.57	464.24	595.02	452.35	593.45	527.81	20.17
2010	219.57	238.19	150.41	54.08	468.52	599.41	459.21	598.97	543.43	20.00
2011	221.07	240.75	152.13	53.37	469.26	600.04	469.78	611.82	570.92	20.04
2012	221.07	240.75	152.13	53.37	469.26	600.04	469.78	611.82	570.92	20.04
2013	224.82	244.31	131.65	43.20	472.76	576.03	486.15	538.18	501.66	22.97
2014	224.88	246.04	133.18	45.66	478.11	581.09	499.33	561.56	561.08	22.13
2015	226.06	246.32	142.40	47.92	481.34	591.45	499.14	575.31	595.73	23.25
2016	226.96	247.25	143.68	50.02	482.87	594.17	501.70	575.73	605.37	23.25
2017	227.48	249.32	145.82	52.64	484.21	597.46	506.47	576.03	604.79	23.25
2018	226.84	248.21	147.55	55.45	486.05	597.89	513.67	574.30	605.74	22.70
2018－2000	2.17	22.87	7.21	7.29	54.51	16.02	146.04	-8.91	189.31	-1.60
增长率	0.97	10.15	5.14	15.14	12.63	2.75	39.72	-1.53	45.46	-6.58

附表 5 - 1　2000~2018 年河南省有效灌溉系数

年份	河南省	郑州市	开封市	洛阳市	平顶山市	安阳市	鹤壁市	新乡市	焦作市
2000	0.69	0.63	0.89	0.36	0.59	0.78	0.83	0.88	0.92
2001	0.69	0.64	0.90	0.36	0.60	0.78	0.83	0.88	0.89
2002	0.66	0.55	0.82	0.37	0.59	0.73	0.83	0.83	0.85
2003	0.67	0.55	0.79	0.37	0.60	0.74	0.86	0.85	0.81
2004	0.67	0.54	0.79	0.37	0.60	0.74	0.87	0.85	0.87
2005	0.68	0.55	0.80	0.38	0.60	0.75	0.87	0.81	0.87
2006	0.68	0.62	0.80	0.37	0.61	0.76	0.87	0.81	0.87
2007	0.69	0.63	0.80	0.39	0.62	0.76	0.87	0.81	0.89
2008	0.69	0.64	0.80	0.39	0.62	0.74	0.88	0.81	0.89
2009	0.61	0.56	0.77	0.32	0.61	0.72	0.67	0.69	0.83
2010	0.62	0.58	0.77	0.32	0.62	0.72	0.68	0.69	0.82
2011	0.63	0.59	0.78	0.33	0.64	0.73	0.68	0.69	0.83
2012	0.60	0.59	0.78	0.33	0.64	0.73	0.68	0.69	0.83
2013	0.61	0.57	0.80	0.30	0.56	0.68	0.73	0.75	0.87
2014	0.63	0.58	0.79	0.31	0.61	0.70	0.75	0.76	0.87
2015	0.64	0.60	0.81	0.34	0.62	0.72	0.75	0.76	0.86
2016	0.65	0.61	0.81	0.34	0.63	0.73	0.75	0.76	0.88
2017	0.65	0.61	0.81	0.34	0.65	0.74	0.75	0.77	0.88
2018	0.65	0.61	0.80	0.34	0.65	0.74	0.75	0.76	0.88
2018 - 2000	-0.04	-0.02	-0.09	-0.02	0.06	-0.04	-0.08	-0.12	-0.04
增长率（%）	-5.68	-3.80	-9.35	-5.48	9.58	-5.83	-9.37	-13.28	-4.25

附表 5 – 2　2000~2018 年河南省有效灌溉系数

年份	濮阳市	许昌市	漯河市	三门峡市	南阳市	商丘市	信阳市	周口市	驻马店市	济源市
2000	0.91	0.74	0.85	0.31	0.49	0.93	0.71	0.75	0.51	0.69
2001	0.91	0.75	0.86	0.32	0.48	0.94	0.72	0.75	0.51	0.71
2002	0.83	0.70	0.86	0.29	0.46	0.88	0.65	0.72	0.54	0.64
2003	0.77	0.71	0.87	0.32	0.46	0.89	0.68	0.71	0.56	0.61
2004	0.79	0.71	0.87	0.33	0.47	0.89	0.70	0.71	0.58	0.60
2005	0.79	0.71	0.87	0.33	0.47	0.89	0.72	0.70	0.60	0.58
2006	0.87	0.71	0.88	0.32	0.48	0.89	0.75	0.71	0.61	0.60
2007	0.87	0.72	0.88	0.31	0.48	0.90	0.77	0.71	0.62	0.59
2008	0.87	0.72	0.89	0.32	0.48	0.91	0.78	0.71	0.63	0.58
2009	0.77	0.69	0.78	0.30	0.44	0.84	0.54	0.69	0.55	0.43
2010	0.78	0.69	0.79	0.31	0.44	0.85	0.55	0.70	0.57	0.43
2011	0.78	0.71	0.80	0.30	0.44	0.85	0.56	0.71	0.60	0.43
2012	0.78	0.71	0.80	0.30	0.44	0.85	0.56	0.71	0.60	0.43
2013	0.79	0.72	0.69	0.24	0.45	0.81	0.58	0.63	0.53	0.50
2014	0.80	0.73	0.70	0.26	0.45	0.82	0.59	0.66	0.59	0.48
2015	0.80	0.73	0.75	0.27	0.46	0.84	0.59	0.67	0.63	0.51
2016	0.80	0.74	0.76	0.28	0.46	0.84	0.60	0.67	0.64	0.51
2017	0.81	0.74	0.77	0.30	0.46	0.84	0.60	0.67	0.64	0.51
2018	0.81	0.73	0.78	0.31	0.46	0.83	0.60	0.67	0.64	0.49
2018 – 2000	– 0.10	– 0.01	– 0.07	0.00	– 0.03	– 0.10	– 0.11	– 0.08	0.13	– 0.20
增长率（%）	– 11.70	– 0.44	– 8.46	– 0.52	– 6.72	– 10.40	– 14.83	– 11.27	25.18	– 28.76

附表6-1　2000~2018年河南省农林牧渔业固定资产投资比重

单位：%，百分点

年份	河南省	郑州市	开封市	洛阳市	平顶山市	安阳市	鹤壁市	新乡市	焦作市
2000	6.97	3.40	9.42	4.82	3.81	4.10	12.13	10.89	5.89
2001	6.51	3.02	8.56	4.94	3.60	3.14	10.51	10.00	4.93
2002	6.23	2.78	8.33	4.44	3.58	2.90	8.93	7.93	4.53
2003	6.45	2.47	8.67	4.34	3.54	2.95	8.93	6.82	4.04
2004	4.13	1.87	6.00	2.42	2.31	1.89	5.75	4.46	2.21
2005	3.80	2.95	6.78	2.32	2.43	2.51	2.82	3.83	3.07
2006	3.65	2.94	6.35	2.47	2.50	4.11	2.92	3.62	2.42
2007	3.57	2.41	6.58	3.60	3.15	5.72	3.16	4.68	2.90
2008	5.13	3.47	4.74	5.51	5.81	6.21	4.61	5.80	3.35
2009	5.56	3.65	4.21	6.55	7.55	6.01	8.59	4.57	4.19
2010	4.97	2.29	4.41	6.78	5.53	4.31	7.21	5.35	3.83
2011	4.06	2.22	2.88	6.45	3.05	4.01	4.19	4.23	4.16
2012	3.85	2.37	1.88	6.56	4.41	4.46	4.17	3.83	2.83
2013	3.69	1.39	2.27	4.74	9.11	3.90	5.63	2.81	1.58
2014	4.36	1.62	2.22	6.23	9.57	4.01	5.74	3.10	2.56
2015	4.88	1.44	3.55	6.66	12.10	5.44	4.94	4.14	2.29
2016	5.57	1.35	5.08	6.65	11.50	7.20	3.59	5.66	2.40
2017	5.99	1.21	3.08	8.48	11.55	9.73	5.10	3.97	2.64
2018	4.80	0.55	2.38	8.19	7.84	4.54	4.32	2.71	1.09
2018－2000	-2.17	-2.85	-7.05	3.37	4.03	0.44	-7.81	-8.17	-4.80
增长率	-31.12	-83.95	-74.75	69.83	105.63	10.75	-64.39	-75.07	-81.44

附表 6－2 2000～2018 年河南省农林牧渔业固定资产投资比重

单位：%，百分点

年份	濮阳市	许昌市	漯河市	三门峡市	南阳市	商丘市	信阳市	周口市	驻马店市	济源市
2000	2.03	11.21	15.12	4.08	9.89	11.85	10.86	11.37	15.96	5.67
2001	1.83	11.31	15.43	4.02	8.29	10.10	9.60	10.23	14.94	4.61
2002	1.75	12.19	15.28	4.35	7.85	9.60	9.55	9.39	14.46	2.80
2003	2.07	12.01	16.63	4.43	7.97	10.73	10.48	11.27	16.77	2.20
2004	1.49	6.97	13.19	2.90	5.76	7.80	7.48	7.83	12.70	1.43
2005	4.01	6.72	7.34	3.05	6.58	6.91	6.96	6.96	8.40	1.86
2006	3.46	2.23	6.40	3.66	4.47	4.74	6.66	5.85	8.83	2.80
2007	3.86	1.14	6.74	3.76	4.20	4.77	6.95	6.28	7.54	1.06
2008	6.31	3.07	4.98	4.41	6.32	5.57	8.24	7.21	9.75	1.44
2009	5.91	2.87	5.46	5.71	7.23	4.79	10.11	8.04	7.71	2.90
2010	7.42	2.78	2.62	5.18	6.39	3.09	7.08	7.32	7.58	3.36
2011	9.15	3.28	1.91	7.10	5.08	1.34	5.05	6.12	6.01	2.55
2012	6.03	3.50	1.50	6.65	4.78	1.99	4.95	6.15	5.99	3.48
2013	5.80	4.77	1.93	6.43	5.09	2.04	4.05	5.20	6.03	2.78
2014	4.91	4.72	1.90	8.33	9.13	0.85	4.25	5.11	4.98	3.93
2015	4.27	5.95	2.31	10.26	9.50	1.27	5.28	4.57	4.62	3.92
2016	5.14	4.22	1.34	7.16	11.08	0.95	7.58	10.08	7.96	5.62
2017	4.30	2.71	1.39	13.90	11.48	0.92	8.86	9.25	7.19	5.16
2018	2.89	2.05	1.30	18.81	10.89	1.49	7.67	5.90	4.44	4.29
2018－2000	0.87	－9.16	－13.83	14.73	0.99	－10.36	－3.19	－5.46	－11.52	－1.38
增长率	42.71	－81.71	－91.43	360.74	10.05	－87.40	－29.40	－48.07	－72.18	－24.30

附表 7 – 1 2000～2018 年河南省农业生产总值

单位：亿元，%

年份	河南省	郑州市	开封市	洛阳市	平顶山市	安阳市	鹤壁市	新乡市	焦作市
2000	1981.54	73.20	124.58	66.85	69.00	90.83	32.72	112.17	69.68
2001	2102.79	78.73	136.17	68.30	75.31	98.82	34.66	120.41	73.65
2002	2192.02	82.36	139.02	91.56	77.69	103.17	37.97	121.82	75.39
2003	2193.09	86.20	134.60	115.60	84.38	106.00	42.80	108.30	69.50
2004	2963.92	110.20	177.90	147.80	109.29	138.60	56.20	134.90	91.90
2005	3309.70	126.20	221.20	184.10	120.88	152.70	58.40	152.30	102.20
2006	3348.94	134.40	240.90	216.00	132.47	169.00	63.80	166.80	108.60
2007	3859.69	137.30	248.00	236.80	142.94	193.10	63.80	189.00	120.60
2008	4618.27	165.20	282.57	277.22	179.83	244.37	77.73	226.38	146.29
2009	4795.74	184.12	311.13	288.62	187.19	245.79	78.51	228.52	150.85
2010	5619.70	221.40	401.18	324.23	204.58	275.47	85.90	271.23	177.69
2011	6055.54	235.47	434.34	356.42	241.86	304.73	101.89	319.08	200.91
2012	6473.70	254.58	471.13	390.68	260.33	325.78	105.97	341.43	215.19
2013	6938.24	263.35	512.51	430.92	290.27	346.36	111.53	367.72	233.83
2014	7244.34	269.89	521.18	432.51	305.21	367.10	120.35	387.96	246.18
2015	7299.58	276.58	539.15	440.84	308.67	367.45	118.02	387.26	247.68
2016	7405.42	285.16	549.20	438.54	327.12	385.04	118.95	387.18	253.48
2017	7562.53	263.08	535.21	411.80	310.84	354.79	113.42	378.56	248.33
2018	7557.94	241.30	522.81	442.44	304.83	358.40	116.54	384.71	252.18
2018 – 2000	5776.40	168.10	398.23	375.59	235.83	267.57	83.82	272.54	182.50
增长率	291.51	229.64	319.66	561.84	341.76	294.59	256.13	242.97	261.91

附 录

附表 7 - 2 2000 ~ 2018 年河南省农业生产总值

单位：亿元，%

年份	濮阳市	许昌市	漯河市	三门峡市	南阳市	商丘市	信阳市	周口市	驻马店市	济源市
2000	78.34	106.20	64.30	37.72	264.10	206.03	152.14	227.47	164.23	13.66
2001	85.51	114.18	70.89	35.68	290.92	225.51	128.49	246.22	172.30	11.43
2002	88.72	121.06	74.21	37.93	312.64	234.73	166.41	263.86	186.63	12.32
2003	81.50	120.80	67.04	40.43	336.72	206.01	166.28	225.80	167.00	11.20
2004	105.10	155.70	89.70	49.31	435.70	282.91	231.57	326.30	274.70	14.80
2005	117.60	174.50	101.31	56.55	475.50	332.33	256.68	360.80	297.80	16.70
2006	126.80	185.70	109.22	62.06	510.10	366.24	280.47	395.40	322.70	18.80
2007	134.50	190.70	104.21	71.25	513.67	388.17	307.41	421.10	335.70	19.90
2008	163.02	231.19	138.11	93.75	586.31	450.30	380.68	519.32	393.47	24.20
2009	169.43	239.36	138.29	98.93	626.58	480.39	403.80	556.80	410.95	24.35
2010	193.04	262.52	152.07	120.42	682.18	530.93	493.87	641.47	510.38	26.84
2011	227.31	302.82	166.97	140.17	707.69	562.14	569.58	687.73	596.69	30.96
2012	243.71	314.23	172.02	156.30	724.06	573.14	651.69	735.94	642.25	32.88
2013	262.82	328.98	188.74	171.99	770.33	608.52	723.85	798.60	691.25	36.02
2014	279.52	336.40	194.22	193.23	818.37	674.76	758.82	826.88	721.81	36.76
2015	282.33	310.30	190.01	205.46	875.32	679.28	797.38	839.72	739.17	36.77
2016	290.63	289.71	204.50	214.61	903.42	686.16	816.29	848.45	762.00	39.45
2017	291.40	267.06	197.91	208.03	905.08	662.68	799.33	838.12	744.51	32.37
2018	313.61	266.57	199.98	207.41	922.74	681.15	824.52	847.53	765.39	32.19
2018 - 2000	235.27	160.37	135.68	169.69	658.64	475.12	672.38	620.06	601.16	18.53
增长率	300.32	151.00	211.01	449.88	249.39	230.61	441.93	272.59	366.04	135.65

151

附表 8－1　2000～2018 年河南省财政支农支出

单位：亿元，%

年份	河南省	郑州市	开封市	洛阳市	平顶山市	安阳市	鹤壁市	新乡市	焦作市
2000	34.19	1.99	0.81	1.78	1.16	1.13	0.33	1.06	0.82
2001	36.94	2.58	0.84	1.84	1.02	1.29	0.37	1.09	1.04
2002	44.77	2.98	0.99	2.98	1.21	1.55	0.52	1.39	1.19
2003	47.92	3.82	1.52	2.53	1.43	1.78	0.56	1.84	1.59
2004	65.99	5.51	1.57	4.37	2.52	2.29	0.84	2.45	1.86
2005	82.28	5.65	2.01	4.55	3.16	2.80	0.89	3.04	2.33
2006	111.34	6.91	2.68	6.05	4.26	3.38	1.16	3.85	2.69
2007	152.51	15.31	4.81	10.94	6.32	5.86	2.63	6.59	4.98
2008	209.59	21.04	7.04	16.05	8.80	9.39	2.84	10.43	7.03
2009	361.60	31.00	10.18	17.68	12.92	12.06	4.20	14.24	9.12
2010	399.19	30.35	11.42	19.34	14.34	13.86	5.42	16.70	10.27
2011	480.48	40.12	15.48	26.07	18.08	17.32	6.72	21.05	12.66
2012	551.73	52.05	21.51	36.05	25.50	26.20	8.58	30.03	16.98
2013	629.85	60.06	26.18	43.59	26.24	29.21	10.33	34.29	20.07
2014	661.94	54.12	27.94	49.78	28.85	31.80	10.69	35.78	20.38
2015	791.63	71.63	36.19	57.39	30.95	34.43	10.65	37.26	21.02
2016	807.06	63.45	37.04	59.47	31.85	36.41	10.73	41.80	21.01
2017	916.81	65.96	40.86	59.44	38.88	35.92	10.47	61.61	20.00
2018	1001.08	73.47	44.87	58.78	40.33	42.03	11.73	61.67	24.15
2018－2000	966.89	71.48	44.06	57.00	39.17	40.90	11.40	60.61	23.33
增长率	2827.99	3595.67	5425.86	3200.95	3372.83	3627.39	3478.40	5732.78	2836.88

附表 8 - 2　2000~2018 年河南省财政支农支出

单位：亿元，%

年份	濮阳市	许昌市	漯河市	三门峡市	南阳市	商丘市	信阳市	周口市	驻马店市	济源市
2000	0.81	0.81	0.67	1.21	2.07	0.93	1.35	1.56	1.19	0.24
2001	0.90	0.93	0.49	1.11	1.99	1.02	1.70	1.57	2.14	0.37
2002	1.08	1.15	0.63	1.94	2.72	1.41	1.83	2.00	1.84	0.56
2003	1.42	1.28	0.67	1.58	2.83	1.65	2.11	1.90	1.64	0.33
2004	1.98	1.91	1.45	2.91	4.31	2.37	4.18	2.17	3.04	0.86
2005	2.26	2.30	1.15	3.12	6.49	3.09	4.30	3.45	3.45	0.83
2006	2.68	2.91	1.33	3.35	6.96	4.37	4.96	3.74	3.91	1.04
2007	5.17	4.39	2.86	4.53	12.50	7.66	9.98	8.06	9.28	1.72
2008	7.10	6.32	3.93	7.54	18.36	10.69	16.87	11.56	12.11	3.17
2009	9.29	9.10	5.41	8.79	25.27	16.77	21.68	16.94	17.84	4.36
2010	9.60	11.00	5.65	10.36	32.02	18.77	21.85	18.15	24.31	4.94
2011	14.63	14.15	7.16	11.94	36.59	22.74	29.21	23.43	24.00	5.57
2012	23.04	20.55	12.14	16.52	57.10	37.72	41.58	41.36	39.36	6.25
2013	24.01	26.01	14.64	17.98	66.25	42.96	43.70	48.45	44.78	7.08
2014	26.89	24.96	15.26	22.20	71.83	47.38	50.52	49.68	49.81	7.13
2015	30.79	28.90	16.52	21.97	78.50	55.35	58.54	55.40	53.72	7.68
2016	34.23	29.21	15.28	25.03	83.90	53.49	66.28	59.37	61.14	7.72
2017	40.85	28.96	18.77	28.53	90.23	63.47	81.21	78.60	78.19	5.54
2018	53.73	31.11	17.65	31.85	99.13	73.88	96.42	88.12	85.97	8.24
2018 - 2000	52.92	30.30	16.98	30.64	97.06	72.95	95.07	86.56	84.78	8.00
增长率	6524.34	3758.84	2537.08	2541.40	4697.23	7861.21	7022.17	5553.79	7098.96	3343.38

附表 9 - 1　2000～2018 年河南省单位农业用地农业产值

单位：万元/公顷，%

年份	河南省	郑州市	开封市	洛阳市	平顶山市	安阳市	鹤壁市	新乡市	焦作市
2000	1.51	1.37	1.74	1.12	1.38	1.38	1.74	1.63	2.33
2001	1.60	1.47	1.84	1.15	1.47	1.52	1.86	1.66	2.30
2002	1.64	1.54	1.88	1.50	1.51	1.57	2.05	1.71	2.38
2003	1.60	1.65	1.71	1.83	1.63	1.56	2.36	1.53	2.21
2004	2.15	2.15	2.31	2.28	2.09	2.00	3.12	1.92	2.77
2005	2.38	2.44	2.81	2.70	2.26	2.16	3.16	2.12	3.01
2006	2.39	2.62	3.07	3.09	2.43	2.32	3.33	2.22	3.08
2007	2.68	2.70	3.11	3.49	2.64	2.64	3.36	2.47	3.48
2008	3.19	3.24	3.57	4.06	3.31	3.32	4.10	2.95	4.23
2009	3.35	3.62	3.91	4.16	3.44	3.30	4.11	2.91	4.30
2010	3.92	4.34	5.04	4.67	3.75	3.70	4.49	3.45	5.07
2011	4.21	4.62	5.44	5.11	4.42	4.08	5.31	4.02	5.69
2012	4.50	5.02	5.89	5.58	4.74	4.34	5.49	4.28	6.08
2013	4.76	5.23	6.41	6.11	5.27	4.59	5.79	4.58	6.59
2014	4.92	5.55	6.40	6.19	5.70	4.84	6.19	4.78	6.94
2015	4.91	5.89	6.66	6.30	5.72	4.84	6.02	4.75	6.99
2016	4.97	6.24	6.75	6.28	6.04	5.04	6.14	4.80	7.14
2017	5.13	6.20	6.49	6.47	5.67	4.62	5.91	4.44	7.36
2018	5.25	5.70	6.11	6.51	5.49	4.70	5.89	4.39	7.12
2018 - 2000	3.74	4.33	4.37	5.39	4.11	3.31	4.14	2.76	4.79
增长率	248.24	317.23	252.04	482.67	297.17	239.61	237.86	168.88	204.95

附表 9-2 2000~2018 年河南省单位农业用地农业产值

单位：万元/公顷，%

年份	濮阳市	许昌市	漯河市	三门峡市	南阳市	商丘市	信阳市	周口市	驻马店市	济源市
2000	1.69	1.85	1.73	1.53	1.56	1.62	1.47	1.45	1.09	2.30
2001	1.82	1.95	1.86	1.48	1.67	1.75	1.37	1.55	1.12	2.03
2002	1.89	2.16	1.95	1.57	1.77	1.77	1.61	1.65	1.21	2.16
2003	1.75	2.15	1.76	1.72	1.88	1.53	1.55	1.39	1.08	2.05
2004	2.26	2.76	2.34	2.09	2.39	2.05	2.09	2.02	1.77	2.62
2005	2.49	3.03	2.65	2.31	2.51	2.37	2.16	2.21	1.84	2.79
2006	2.63	3.18	2.75	2.41	2.62	2.57	2.24	2.37	2.00	3.12
2007	2.77	3.19	2.75	2.91	2.72	2.75	2.47	2.48	2.08	3.47
2008	3.34	3.90	3.70	3.82	3.19	3.26	3.16	3.08	2.46	4.22
2009	3.44	4.00	3.75	4.04	3.37	3.48	3.30	3.28	2.52	4.22
2010	3.91	4.38	4.12	4.93	3.68	3.85	4.03	3.78	3.13	4.67
2011	4.57	5.03	4.53	5.68	3.80	4.05	4.66	4.02	3.62	5.39
2012	4.87	5.19	4.67	6.21	3.89	4.12	5.31	4.30	3.89	5.72
2013	5.23	5.41	5.11	6.83	4.13	4.34	5.89	4.64	4.16	6.23
2014	5.52	5.55	5.24	8.29	4.35	4.79	6.03	4.77	4.31	6.67
2015	5.56	5.16	5.09	8.36	4.63	4.90	6.28	4.83	4.37	6.66
2016	5.84	5.07	5.59	8.81	4.74	4.98	6.51	4.91	4.44	7.27
2017	5.56	5.18	5.52	9.00	4.68	4.71	7.14	4.63	4.26	6.55
2018	5.90	4.58	5.47	8.15	4.59	4.71	7.11	4.56	4.26	6.27
2018-2000 增长率	248.31	148.27	216.65	431.88	193.98	190.22	382.99	215.40	290.84	172.68

附表10-1 2000~2018年河南省单位农业机械动力产值

单位：万元/千瓦，%

年份	河南省	郑州市	开封市	洛阳市	平顶山市	安阳市	鹤壁市	新乡市	焦作市
2000	0.34	0.20	0.34	0.22	0.40	0.23	0.23	0.23	0.22
2001	0.35	0.22	0.35	0.21	0.44	0.24	0.25	0.23	0.24
2002	0.33	0.22	0.31	0.28	0.42	0.24	0.27	0.23	0.23
2003	0.33	0.21	0.28	0.34	0.42	0.24	0.29	0.19	0.21
2004	0.43	0.27	0.29	0.41	0.49	0.29	0.35	0.23	0.27
2005	0.47	0.30	0.35	0.48	0.50	0.32	0.35	0.25	0.30
2006	0.46	0.32	0.39	0.56	0.49	0.34	0.35	0.27	0.31
2007	0.44	0.32	0.39	0.59	0.49	0.38	0.34	0.30	0.34
2008	0.49	0.37	0.44	0.65	0.56	0.46	0.37	0.36	0.41
2009	0.50	0.41	0.47	0.65	0.56	0.45	0.37	0.35	0.41
2010	0.55	0.44	0.60	0.71	0.59	0.48	0.40	0.40	0.47
2011	0.58	0.45	0.64	0.76	0.67	0.52	0.46	0.45	0.52
2012	0.60	0.47	0.68	0.82	0.69	0.54	0.46	0.47	0.55
2013	0.62	0.47	0.72	0.88	0.74	0.56	0.47	0.50	0.58
2014	0.63	0.47	0.69	0.86	0.75	0.58	0.50	0.51	0.61
2015	0.62	0.48	0.69	0.86	0.75	0.56	0.49	0.51	0.60
2016	0.75	0.66	0.97	0.85	0.86	0.71	0.54	0.52	1.10
2017	0.75	0.60	0.93	0.78	0.78	0.64	0.51	0.50	1.02
2018	0.76	0.55	0.90	0.83	0.76	0.73	0.50	0.50	1.00
2018－2000	0.42	0.34	0.56	0.61	0.36	0.50	0.27	0.27	0.78
增长率	121.81	168.74	165.86	273.13	91.81	222.17	116.55	115.92	348.57

附表 10-2　2000~2018 年河南省单位农业机械动力产值

单位：万元/千瓦，%

年份	濮阳市	许昌市	漯河市	三门峡市	南阳市	商丘市	信阳市	周口市	驻马店市	济源市
2000	0.30	0.46	0.38	0.30	0.75	0.34	0.58	0.34	0.32	0.26
2001	0.31	0.46	0.40	0.30	0.80	0.32	0.50	0.35	0.31	0.19
2002	0.27	0.45	0.40	0.30	0.77	0.31	0.63	0.34	0.30	0.19
2003	0.24	0.42	0.33	0.31	0.77	0.25	0.61	0.28	0.25	0.16
2004	0.29	0.51	0.44	0.37	0.82	0.32	0.82	0.39	0.37	0.19
2005	0.31	0.55	0.47	0.41	0.78	0.35	0.87	0.41	0.36	0.19
2006	0.33	0.57	0.47	0.43	0.74	0.36	0.89	0.44	0.37	0.20
2007	0.34	0.55	0.44	0.48	0.65	0.37	0.88	0.45	0.36	0.20
2008	0.42	0.67	0.58	0.61	0.56	0.42	1.00	0.53	0.34	0.24
2009	0.42	0.68	0.57	0.61	0.58	0.44	0.97	0.54	0.32	0.24
2010	0.47	0.74	0.61	0.73	0.61	0.47	1.07	0.60	0.38	0.26
2011	0.54	0.84	0.65	0.82	0.61	0.49	1.12	0.63	0.44	0.29
2012	0.56	0.85	0.66	0.90	0.58	0.49	1.18	0.66	0.46	0.30
2013	0.59	0.88	0.70	0.98	0.59	0.52	1.25	0.70	0.49	0.33
2014	0.62	0.88	0.71	1.09	0.59	0.57	1.24	0.71	0.50	0.33
2015	0.62	0.79	0.68	1.16	0.62	0.56	1.24	0.70	0.50	0.33
2016	0.71	0.79	0.83	1.84	0.66	0.84	1.35	0.92	0.58	0.55
2017	0.81	0.73	0.79	1.77	0.64	0.79	1.26	0.89	0.56	0.45
2018	0.85	0.70	0.79	1.74	0.64	0.79	1.24	0.88	0.56	0.44
2018-2000	0.55	0.24	0.41	1.44	-0.10	0.45	0.66	0.54	0.23	0.18
增长率	181.81	52.73	106.15	477.24	-13.69	133.40	113.44	155.85	73.33	67.89

附表 11 - 1 2000 ~ 2018 年河南省农村居民家庭人均可支配收入

单位：元，%

年份	河南省	郑州市	开封市	洛阳市	平顶山市	安阳市	鹤壁市	新乡市	焦作市
2000	1985.82	2912.00	2096.00	1976.00	1967.00	2129.00	2105.00	2165.00	2564.00
2001	2097.86	3155.00	2176.00	2007.00	1995.00	2222.00	2281.00	2220.00	2674.00
2002	2215.74	3377.00	2233.00	2122.00	2061.00	2313.00	2420.00	2294.00	2782.00
2003	2235.68	3631.00	2047.00	2277.00	2088.00	2431.00	2554.00	2409.00	2905.00
2004	2553.15	4183.00	2381.00	2585.00	2369.00	2825.00	3014.00	2748.00	3374.00
2005	2870.58	4774.00	2713.57	2903.00	2688.30	3220.00	3469.00	3133.00	3831.00
2006	3261.03	5559.35	3172.07	3408.48	3150.27	3772.11	4061.65	3652.00	4494.00
2007	3851.60	6594.00	3763.00	4038.00	3733.00	4493.00	4827.00	4355.00	5326.00
2008	4454.24	7548.00	4355.00	4597.00	4420.00	5190.00	5495.00	5038.00	6130.00
2009	4806.95	8121.00	4695.00	4961.00	4778.00	5595.00	5940.00	5431.00	6590.00
2010	5523.73	9225.00	5390.00	5680.00	5504.00	6359.00	6813.00	6241.00	7512.00
2011	6604.03	11050.00	6492.00	6822.00	6578.00	7586.00	8271.00	7532.00	8902.00
2012	7524.94	12530.92	7413.54	7776.55	7518.21	8618.16	9387.96	8647.27	10112.78
2013	8475.34	14009.00	8355.00	8756.00	8541.00	9670.00	10608.00	9728.00	11367.00
2014	9966.07	15470.00	9316.00	9669.00	9489.00	10680.00	11709.00	10730.00	12518.00
2015	10852.86	17125.00	10304.00	10667.00	10450.00	11721.00	12995.00	11772.00	13751.00
2016	11696.74	18426.00	11166.00	11457.00	11244.00	12624.00	14022.00	12679.00	14851.00
2017	12719.18	19974.26	12125.69	12510.71	12222.20	13696.82	15326.00	13769.36	16217.57
2018	13830.74	21652.00	13193.00	13637.00	13298.00	14834.00	16659.00	14939.00	17629.00
2018－2000	11844.92	18740.00	11097.00	11661.00	11331.00	12705.00	14554.00	12774.00	15065.00
增长率	596.48	643.54	529.44	590.13	576.05	596.76	691.40	590.02	587.56

单位：元，%

附表 11-2　2000~2018 年河南省农村居民家庭人均可支配收入

年份	濮阳市	许昌市	漯河市	三门峡市	南阳市	商丘市	信阳市	周口市	驻马店市	济源市
2000	1845.00	2520.00	2303.00	2161.00	1889.00	1815.00	1916.00	1915.00	1905.00	2425.00
2001	1881.00	2625.00	2458.00	2020.00	1940.00	1832.00	1551.00	1962.00	1954.00	2536.00
2002	1948.00	2743.00	2581.00	2113.00	2020.00	1881.00	1934.00	1995.00	2079.00	2694.00
2003	1948.00	2880.00	2625.00	2247.00	2122.00	1556.00	2000.00	1582.00	1726.00	2878.00
2004	2193.00	3246.00	2964.00	2568.00	2495.00	2056.00	2396.00	2048.00	2226.00	3397.00
2005	2472.00	3643.00	3319.00	2935.02	2893.87	2346.00	2707.00	2276.00	2486.00	3889.24
2006	2907.00	4269.00	3883.43	3435.30	3385.96	2745.32	3153.17	2641.30	2906.39	4509.82
2007	3460.00	5046.00	4567.00	4033.00	4014.00	3248.00	3737.00	3122.00	3410.00	5346.00
2008	4065.00	5840.00	5230.00	4680.00	4570.00	3750.00	4272.00	3605.00	3900.00	6176.00
2009	4411.00	6302.00	5622.00	5046.00	4931.00	4054.00	4618.00	3908.00	4216.00	6763.00
2010	5077.00	7197.00	6460.00	5787.00	5666.00	4674.00	5311.00	4510.00	4861.00	7784.00
2011	6082.00	8651.00	7700.00	6929.00	6776.00	5637.00	6153.00	5448.00	5804.00	9341.00
2012	6945.26	9818.55	8755.22	7905.96	7752.02	6426.41	7008.05	6199.40	6599.11	10648.37
2013	7904.00	11007.00	9876.00	8926.00	8729.00	7217.00	7982.00	6950.00	7437.00	11958.00
2014	8828.00	12140.00	10893.00	9979.00	9741.00	8025.00	8868.00	7742.00	8270.00	13166.00
2015	9790.00	13355.00	11980.00	11084.00	10777.00	8885.00	9844.00	8576.00	9174.00	14469.00
2016	10622.00	14357.00	12938.00	11982.00	11701.00	9605.00	10651.00	9279.00	9935.00	15540.00
2017	11652.10	15591.40	14141.47	13084.40	12718.40	10517.36	11663.04	10170.00	10868.70	16938.60
2018	12654.00	16963.00	15400.00	14262.00	13837.00	11506.00	12748.00	11095.00	11858.00	18446.00
2018-2000	10809.00	14443.00	13097.00	12101.00	11948.00	9691.00	10832.00	9180.00	9953.00	16021.00
增长率	585.85	573.13	568.69	559.97	632.50	533.94	565.34	479.37	522.47	660.66

附表 12－1 2000～2018 年河南省城乡居民收入水平比（农村居民＝1）

年份	河南省	郑州市	开封市	洛阳市	平顶山市	安阳市	鹤壁市	新乡市	焦作市
2000	2.40	2.04	1.95	2.63	2.44	2.11	1.87	2.17	1.56
2001	2.51	2.10	2.26	2.88	2.64	2.18	1.95	2.24	1.69
2002	2.82	2.22	2.46	3.23	2.96	2.59	2.19	2.46	1.98
2003	3.10	2.30	3.02	3.36	3.21	2.91	2.34	2.59	2.27
2004	3.02	2.24	2.77	3.34	3.22	2.80	2.25	2.60	2.16
2005	3.02	2.23	2.66	3.35	3.24	2.74	2.28	2.65	2.20
2006	3.01	2.13	2.61	3.22	3.14	2.65	2.24	2.59	2.14
2007	2.98	2.08	2.60	3.16	3.14	2.63	2.26	2.58	2.16
2008	2.97	2.08	2.60	3.19	3.06	2.63	2.27	2.58	2.15
2009	2.99	2.11	2.62	3.21	3.08	2.65	2.29	2.61	2.17
2010	2.88	2.05	2.54	3.11	2.94	2.58	2.21	2.52	2.10
2011	2.76	1.96	2.40	2.96	2.79	2.46	2.09	2.39	2.02
2012	2.72	1.93	2.37	2.91	2.74	2.44	2.05	2.33	1.99
2013	2.64	1.90	2.33	2.83	2.63	2.38	2.00	2.27	1.94
2014	2.38	1.88	2.30	2.79	2.57	2.36	1.97	2.24	1.92
2015	2.36	1.82	2.22	2.69	2.45	2.26	1.89	2.15	1.84
2016	2.33	1.80	2.20	2.68	2.41	2.23	1.87	2.12	1.81
2017	2.32	1.80	2.22	2.66	2.42	2.22	1.86	2.11	1.80
2018	2.30	1.80	2.21	2.64	2.41	2.20	1.84	2.10	1.79
2018－2000	-0.10	-0.23	0.25	0.01	-0.02	0.09	-0.03	-0.08	0.22
增长率（%）	-3.98	-11.53	13.05	0.38	-0.92	4.26	-1.73	-3.46	14.32

附表 12 - 2　2000～2018 年河南省城乡居民收入水平比（农村居民 = 1）

年份	濮阳市	许昌市	漯河市	三门峡市	南阳市	商丘市	信阳市	周口市	驻马店市	济源市
2000	2.22	1.75	2.01	2.43	2.34	2.25	2.11	1.90	2.31	1.95
2001	2.40	1.82	2.14	2.76	2.45	2.41	2.79	2.01	2.41	2.15
2002	3.02	2.07	2.29	2.95	2.80	2.74	2.52	2.30	2.55	2.23
2003	3.25	2.14	2.44	2.98	2.88	3.57	2.63	3.16	3.29	2.36
2004	3.23	2.14	2.38	2.82	2.77	3.07	2.48	2.75	2.78	2.30
2005	3.22	2.13	2.39	2.75	2.71	3.09	2.50	2.79	2.78	2.32
2006	3.08	2.08	2.33	2.64	2.63	3.04	2.46	2.73	2.72	2.28
2007	3.19	2.13	2.35	2.66	2.67	3.13	2.54	2.87	2.86	2.23
2008	3.13	2.13	2.36	2.65	2.71	3.13	2.58	2.89	2.90	2.24
2009	3.11	2.16	2.38	2.67	2.74	3.14	2.61	2.91	2.92	2.22
2010	2.98	2.11	2.29	2.60	2.66	3.03	2.51	2.81	2.82	2.12
2011	2.83	2.02	2.21	2.46	2.55	2.87	2.48	2.68	2.72	2.01
2012	2.81	2.00	2.19	2.43	2.52	2.85	2.46	2.66	2.68	1.99
2013	2.73	1.97	2.14	2.35	2.48	2.80	2.40	2.60	2.61	1.94
2014	2.69	1.96	2.14	2.28	2.43	2.78	2.37	2.55	2.58	1.92
2015	2.55	1.89	2.07	2.15	2.33	2.65	2.28	2.45	2.46	1.83
2016	2.49	1.88	2.06	2.11	2.30	2.63	2.25	2.42	2.43	1.82
2017	2.47	1.89	2.04	2.11	2.29	2.62	2.23	2.39	2.42	1.81
2018	2.45	1.88	2.02	2.09	2.26	2.61	2.22	2.38	2.40	1.81
2018－2000	0.24	0.13	0.01	-0.34	-0.08	0.36	0.11	0.48	0.08	-0.14
增长率（%）	10.67	7.51	0.60	-13.85	-3.49	16.06	5.27	25.01	3.61	-7.30

附表 13－1　2000～2018 年河南省粮食总产量

单位：万吨，%

年份	河南省	郑州市	开封市	洛阳市	平顶山市	安阳市	鹤壁市	新乡市	焦作市
2000	4101.50	158.69	202.47	199.00	140.28	220.48	85.12	295.36	167.39
2001	4119.88	149.88	211.90	164.25	167.95	234.20	88.04	309.01	165.64
2002	4209.98	139.90	207.48	166.94	162.94	221.24	79.58	300.66	152.48
2003	3569.47	143.65	171.23	204.83	144.77	227.60	76.14	280.73	137.43
2004	4260.00	148.31	193.30	208.00	161.35	245.54	88.88	295.53	161.43
2005	4582.00	152.99	203.21	210.53	161.34	253.65	92.91	311.55	166.09
2006	5112.30	164.89	233.84	229.43	182.35	295.61	100.77	347.89	181.14
2007	5252.92	164.40	239.02	228.87	189.41	320.17	107.03	366.75	192.84
2008	5405.80	165.22	248.48	230.80	194.22	328.22	109.56	374.88	196.41
2009	5506.87	166.08	253.54	235.14	195.73	333.08	110.90	378.76	197.82
2010	5581.82	166.69	255.56	235.92	197.24	334.24	111.63	381.15	199.41
2011	5733.92	166.70	258.95	230.85	197.16	338.00	113.30	390.23	200.53
2012	5898.38	169.47	267.14	240.41	202.92	349.60	116.32	402.03	204.75
2013	6023.80	168.27	272.54	219.83	201.06	354.34	117.74	405.95	205.62
2014	6133.60	161.97	278.55	211.23	171.46	363.86	119.40	416.12	206.35
2015	6470.22	168.31	291.77	245.14	211.87	375.60	123.64	430.31	208.99
2016	6498.01	161.04	283.93	231.44	206.80	364.05	119.57	418.88	204.76
2017	6524.25	153.15	300.67	225.18	219.06	371.45	118.32	463.02	203.63
2018	6648.91	157.35	301.13	250.54	227.40	375.20	118.60	467.64	206.28
2018－2000	2547.41	-1.34	98.66	51.54	87.12	154.72	33.48	172.28	38.89
增长率	62.11	-0.84	48.73	25.90	62.10	70.17	39.33	58.33	23.23

附表 13-2 2000～2018 年河南省粮食总产量

单位：万吨，%

年份	濮阳市	许昌市	漯河市	三门峡市	南阳市	商丘市	信阳市	周口市	驻马店市	济源市
2000	199.53	248.89	108.60	55.85	378.05	406.33	365.82	532.35	369.89	23.90
2001	208.42	248.98	138.90	44.69	407.66	440.22	225.80	567.28	413.75	18.92
2002	204.25	220.62	128.95	33.16	420.36	430.11	380.46	543.86	494.03	17.22
2003	160.29	209.56	103.86	44.90	388.17	321.05	286.01	396.60	335.06	16.69
2004	196.65	229.09	132.11	47.22	453.24	453.86	397.00	541.17	539.70	17.94
2005	202.37	232.27	132.85	49.33	465.88	484.50	424.42	552.27	531.52	18.41
2006	225.81	257.28	156.46	60.39	527.24	544.66	510.14	644.76	622.81	21.17
2007	238.69	265.12	156.47	53.18	550.40	570.19	531.48	685.07	606.84	20.77
2008	244.76	270.73	166.02	61.49	569.66	585.71	561.21	706.36	639.08	21.40
2009	248.96	272.92	166.40	62.78	579.37	594.58	573.02	716.71	661.67	21.58
2010	251.03	274.99	167.99	63.25	584.02	598.68	575.22	723.71	670.36	21.64
2011	253.71	277.22	169.14	62.59	593.60	608.19	579.68	747.20	684.86	21.55
2012	260.11	283.11	173.09	66.01	611.82	629.65	585.48	773.13	702.32	22.14
2013	261.51	283.63	173.58	61.50	617.21	644.16	586.04	793.87	708.45	22.17
2014	265.24	280.15	174.87	59.71	626.20	663.04	592.18	806.61	722.04	21.85
2015	271.80	291.51	182.60	71.57	662.39	692.24	596.99	829.56	758.82	22.55
2016	262.41	284.17	176.92	66.79	638.39	672.32	576.73	805.79	745.61	22.36
2017	288.31	288.95	177.78	65.14	691.52	717.64	556.13	881.79	776.88	22.66
2018	287.11	297.95	181.50	71.98	700.84	723.85	568.30	901.90	788.85	23.19
2018－2000	87.58	49.06	72.90	16.13	322.79	317.52	202.48	369.55	418.96	-0.71
增长率	43.89	19.71	67.13	28.89	85.38	78.14	55.35	69.42	113.27	-2.98

附表 14 - 1 2000~2018 年河南省农作物播种面积

单位：千公顷，%

年份	河南省	郑州市	开封市	洛阳市	平顶山市	安阳市	鹤壁市	新乡市	焦作市
2000	13136.91	535.75	717.85	598.41	498.98	656.73	187.80	686.99	298.44
2001	13127.70	536.54	738.39	593.93	513.15	651.04	186.79	724.02	320.34
2002	13359.80	533.09	739.50	608.39	515.51	656.18	185.36	710.70	317.23
2003	13684.40	522.76	786.69	630.45	518.13	678.68	181.22	706.80	315.00
2004	13805.69	513.59	770.40	647.17	521.74	693.07	180.31	701.43	331.91
2005	13922.60	516.75	786.34	682.86	535.40	707.06	184.53	717.31	339.01
2006	13995.39	513.50	785.59	698.95	545.97	729.13	191.55	752.35	352.75
2007	14381.42	508.86	797.23	678.46	542.01	732.08	190.16	764.35	346.44
2008	14473.45	509.59	792.33	682.17	542.51	736.12	189.72	767.66	346.02
2009	14322.07	509.07	795.66	693.89	544.30	744.33	191.02	784.40	350.70
2010	14320.79	509.75	795.92	694.17	545.56	745.44	191.26	786.07	350.74
2011	14373.33	509.82	799.02	697.75	547.66	747.24	191.79	794.59	352.80
2012	14386.89	507.48	799.58	699.69	549.36	749.98	193.11	797.74	354.10
2013	14586.50	503.51	800.17	705.09	551.18	754.28	192.55	802.81	354.72
2014	14731.54	486.22	814.54	699.21	535.77	758.65	194.30	811.32	354.74
2015	14879.73	469.77	809.99	699.20	539.32	758.81	195.90	816.14	354.47
2016	14902.72	457.29	813.88	698.73	541.54	763.58	193.78	807.43	355.13
2017	14732.53	424.28	824.48	636.49	548.70	767.83	191.98	852.26	337.23
2018	14769.06	423.29	855.72	679.72	555.00	763.04	197.96	876.30	354.19
2018 - 2000	1632.15	-112.46	137.87	81.31	56.02	106.31	10.16	189.31	55.75
增长率	12.42	-20.99	19.21	13.59	11.23	16.19	5.41	27.56	18.68

附表 14 - 2　2000～2018 年河南省农作物播种面积

单位：千公顷，%

年份	濮阳市	许昌市	漯河市	三门峡市	南阳市	商丘市	信阳市	周口市	驻马店市	济源市
2000	462.43	575.21	372.10	246.11	1692.92	1270.65	1033.86	1572.18	1505.95	59.36
2001	469.31	584.16	380.25	240.98	1740.75	1290.57	936.53	1586.54	1542.52	56.19
2002	470.26	561.30	380.86	240.92	1763.80	1328.40	1035.90	1596.17	1546.66	57.07
2003	465.48	560.83	379.94	235.53	1787.90	1344.63	1072.38	1625.92	1539.99	54.60
2004	464.08	563.49	382.69	236.37	1821.09	1383.12	1106.53	1616.03	1550.93	56.50
2005	472.79	576.34	382.78	244.83	1897.91	1404.13	1190.85	1631.31	1617.99	59.78
2006	482.81	584.20	397.04	257.36	1946.09	1426.51	1254.66	1667.99	1616.76	60.34
2007	485.95	598.33	378.91	244.77	1891.52	1409.31	1246.00	1697.68	1614.70	57.32
2008	487.83	593.01	372.93	245.35	1836.96	1382.29	1203.94	1686.03	1600.86	57.30
2009	492.75	598.62	369.14	244.88	1857.40	1378.70	1225.26	1698.83	1628.16	57.74
2010	493.71	598.72	369.19	244.34	1855.57	1379.81	1226.39	1698.90	1629.76	57.48
2011	497.87	601.48	368.69	246.94	1862.57	1388.80	1222.86	1710.97	1646.23	57.48
2012	500.38	605.21	368.69	251.87	1863.12	1391.95	1226.72	1711.10	1651.06	57.48
2013	502.59	607.88	369.60	251.91	1865.54	1400.76	1228.99	1719.83	1663.32	57.79
2014	506.38	606.59	370.47	233.18	1879.97	1407.32	1257.40	1734.82	1673.11	55.12
2015	507.76	601.93	373.19	245.89	1889.82	1386.25	1269.18	1738.69	1692.30	55.19
2016	497.48	571.69	365.66	243.49	1904.62	1378.10	1254.85	1727.26	1714.78	54.29
2017	524.30	515.80	358.30	231.12	1934.85	1406.23	1119.33	1811.80	1748.68	49.45
2018	531.48	581.53	365.47	254.44	2011.98	1447.47	1160.03	1857.25	1795.68	51.30
2018－2000	69.05	6.32	-6.63	8.33	319.06	176.82	126.17	285.07	289.73	-8.06
增长率	14.93	1.10	-1.78	3.38	18.85	13.92	12.20	18.13	19.24	-13.58

附表15-1 2000~2018年河南省第一产业增加值占地区生产总值比重

单位：%，百分点

年份	河南省	郑州市	开封市	洛阳市	平顶山市	安阳市	鹤壁市	新乡市	焦作市
2000	22.99	5.75	32.04	9.30	15.12	20.79	22.46	23.87	17.15
2001	22.31	5.47	31.82	8.60	15.03	20.49	21.00	23.32	16.18
2002	21.35	5.09	30.39	10.19	14.19	18.98	19.46	21.33	14.78
2003	17.45	4.47	25.69	10.16	12.81	16.89	19.50	16.72	11.60
2004	19.22	4.58	28.10	9.80	12.89	17.25	20.10	17.10	11.53
2005	17.36	5.42	37.30	12.55	14.71	19.59	22.00	19.77	13.01
2006	15.06	3.55	26.09	9.36	10.26	14.65	13.36	14.31	8.40
2007	14.32	3.19	24.43	9.03	9.82	13.85	13.26	14.20	8.06
2008	14.26	3.15	22.28	8.73	9.50	13.66	12.84	13.80	8.04
2009	13.64	3.42	24.00	9.52	10.05	13.51	13.50	14.60	8.64
2010	13.50	3.08	23.65	8.09	8.75	12.09	11.38	13.21	8.13
2011	12.40	2.64	22.15	7.54	9.14	11.79	11.18	12.58	7.91
2012	12.05	2.57	21.35	7.51	9.75	11.95	10.65	12.37	7.89
2013	11.86	2.37	20.56	7.92	10.44	11.83	9.81	12.19	7.79
2014	11.39	2.21	19.11	7.53	10.44	11.78	9.66	11.86	7.59
2015	10.83	2.10	27.75	7.28	10.25	11.29	9.01	11.51	7.28
2016	10.10	1.93	16.39	6.61	10.02	10.87	8.41	10.52	6.73
2017	9.29	1.65	14.79	5.13	8.34	8.61	7.06	9.21	5.76
2018	8.93	1.45	13.64	5.11	7.53	8.15	6.97	8.96	5.69
2018-2000	-14.06	-4.30	-18.40	-4.19	-7.59	-12.64	-15.50	-14.91	-11.46
增长率	-61.17	-74.77	-57.41	-45.05	-50.22	-60.78	-68.98	-62.47	-66.83

附表 15－2 2000～2018 年河南省第一产业增加值占地区生产总值比重

单位：%，百分点

年份	濮阳市	许昌市	漯河市	三门峡市	南阳市	商丘市	信阳市	周口市	驻马店市	济源市
2000	21.48	21.14	23.35	13.37	29.58	42.99	35.27	39.21	33.98	12.30
2001	21.76	20.06	23.26	11.60	29.43	42.07	27.73	37.95	32.65	9.71
2002	20.90	18.98	22.00	11.23	29.23	40.42	31.58	36.71	32.72	9.24
2003	16.35	16.40	17.45	10.57	27.00	30.52	27.79	31.13	27.47	7.10
2004	17.60	17.21	18.25	10.48	28.33	35.13	31.21	35.63	35.23	7.36
2005	19.91	20.35	22.31	12.85	31.38	41.67	34.82	40.93	39.82	8.69
2006	13.45	13.71	13.86	8.84	22.88	29.23	26.69	30.90	28.51	5.18
2007	13.69	13.01	13.60	8.12	21.95	29.25	25.87	30.37	29.01	5.33
2008	13.76	12.61	14.28	8.37	21.05	27.34	25.64	30.30	27.85	5.01
2009	14.82	13.30	14.53	8.90	22.98	30.36	28.11	33.44	29.24	5.29
2010	13.88	11.39	12.73	8.01	20.54	26.19	26.38	29.77	27.58	4.65
2011	14.32	10.81	12.63	7.88	18.88	24.23	26.24	27.70	27.31	4.92
2012	13.92	10.36	12.30	8.03	18.10	23.13	27.03	26.52	26.64	4.54
2013	13.15	9.72	12.48	8.27	18.00	22.31	26.53	24.90	25.54	4.67
2014	12.61	9.06	11.76	9.03	17.88	22.41	25.03	23.18	24.32	4.57
2015	12.05	8.04	10.91	9.53	17.85	21.14	24.56	22.46	23.48	4.45
2016	11.37	7.07	10.75	9.37	16.89	19.77	22.90	20.96	21.99	4.37
2017	9.58	5.66	9.42	8.22	15.33	16.96	19.95	18.16	18.53	3.18
2018	9.91	5.24	8.97	7.79	14.69	15.98	18.69	16.71	17.41	2.94
2018－2000	-11.57	-15.89	-14.37	-5.58	-14.89	-27.01	-16.58	-22.50	-16.57	-9.36
增长率	-53.87	-75.20	-61.56	-41.72	-50.33	-62.82	-47.01	-57.39	-48.77	-76.09

附表16-1 2000~2018年河南省劳动生产率

单位：万元/人，%

年份	河南省	郑州市	开封市	洛阳市	平顶山市	安阳市	鹤壁市	新乡市	焦作市
2000	0.33	0.28	0.39	0.18	0.22	0.27	0.39	0.34	0.41
2001	0.35	0.31	0.43	0.18	0.24	0.29	0.41	0.44	0.42
2002	0.38	0.39	0.45	0.27	0.24	0.31	0.43	0.46	0.45
2003	0.36	0.37	0.39	0.34	0.26	0.32	0.53	0.39	0.42
2004	0.51	0.48	0.54	0.45	0.35	0.43	0.81	0.49	0.57
2005	0.59	0.56	0.68	0.61	0.40	0.50	0.90	0.57	0.65
2006	0.61	0.59	0.70	0.70	0.43	0.58	0.84	0.61	0.68
2007	0.74	0.74	0.76	0.85	0.52	0.72	1.11	0.79	0.82
2008	0.90	1.08	0.93	1.14	0.64	0.92	1.38	0.97	1.00
2009	0.96	0.92	1.07	1.12	0.66	0.94	1.42	0.79	1.05
2010	1.15	1.23	1.39	1.22	0.78	1.05	1.57	1.25	1.25
2011	1.25	1.31	1.60	1.34	0.94	1.20	1.80	1.50	1.43
2012	1.36	1.43	1.81	1.46	1.01	1.35	1.93	1.62	1.57
2013	1.49	1.53	2.04	1.66	1.14	1.43	2.22	1.95	1.75
2014	1.50	1.42	2.10	1.57	1.17	1.35	2.36	2.05	1.84
2015	1.55	1.61	2.17	1.57	1.14	1.65	2.29	1.98	1.84
2016	1.57	1.66	2.46	1.65	1.17	1.71	2.25	1.86	1.86
2017	1.66	1.66	2.36	1.42	1.07	1.50	2.11	1.74	1.74
2018	1.81	1.61	2.08	1.54	1.05	1.71	1.92	1.92	1.93
2018-2000	1.48	1.32	1.69	1.36	0.83	1.44	1.53	1.58	1.52
增长率	456.25	466.51	436.54	768.08	376.45	532.52	394.73	462.32	373.94

附表 16－2　2000～2018 年河南省劳动生产率

单位：万元/人，%

年份	濮阳市	许昌市	漯河市	三门峡市	南阳市	商丘市	信阳市	周口市	驻马店市	济源市
2000	0.32	0.38	0.45	0.31	0.36	0.38	0.35	0.32	0.26	0.36
2001	0.34	0.40	0.49	0.30	0.42	0.41	0.29	0.34	0.27	0.34
2002	0.35	0.42	0.55	0.32	0.45	0.45	0.41	0.28	0.31	0.42
2003	0.32	0.42	0.48	0.35	0.52	0.34	0.39	0.31	0.28	0.36
2004	0.43	0.60	0.64	0.43	0.67	0.53	0.56	0.48	0.47	0.51
2005	0.49	0.72	0.73	0.49	0.77	0.65	0.64	0.54	0.51	0.66
2006	0.53	0.74	0.68	0.55	0.78	0.65	0.66	0.59	0.53	0.65
2007	0.62	0.92	0.79	0.64	0.88	0.81	0.80	0.67	0.64	0.90
2008	0.62	1.17	1.10	0.84	1.01	0.91	0.96	0.84	0.79	1.16
2009	0.62	1.29	1.11	0.76	1.10	0.98	0.98	0.88	0.86	1.12
2010	0.93	1.42	1.24	1.13	1.21	1.27	1.33	1.10	1.02	1.22
2011	1.47	1.73	1.36	1.29	1.23	1.38	1.55	1.18	1.23	1.17
2012	1.25	1.71	1.41	1.46	1.27	1.44	1.77	1.31	1.33	1.40
2013	1.27	1.87	1.54	1.58	1.41	1.54	2.01	1.43	1.51	1.56
2014	1.39	1.56	1.44	1.82	1.46	1.68	2.01	1.50	1.67	1.58
2015	1.51	1.50	1.39	1.91	1.54	1.67	2.09	1.53	1.80	1.50
2016	1.60	1.39	1.51	1.96	1.58	1.78	2.10	1.55	1.85	1.59
2017	1.42	1.24	1.39	1.89	1.54	1.67	1.92	1.44	1.71	1.29
2018	1.66	1.39	1.52	1.92	1.63	1.88	1.99	1.47	1.77	1.37
2018－2000	1.34	1.00	1.07	1.61	1.27	1.50	1.64	1.15	1.52	1.01
增长率	417.71	261.97	234.82	514.76	357.78	390.13	464.22	364.83	589.15	275.97

附表 17-1 2000~2018 年河南省土地产出率

单位：万元/公顷，%

年份	河南省	郑州市	开封市	洛阳市	平顶山市	安阳市	鹤壁市	新乡市	焦作市
2000	1.69	1.45	1.99	1.01	1.35	1.46	1.93	1.78	2.28
2001	1.79	1.56	2.21	1.05	1.46	1.56	2.01	1.92	2.36
2002	1.77	1.42	2.07	1.48	1.46	1.49	2.07	1.83	2.32
2003	1.67	1.49	1.84	1.94	1.50	1.55	2.48	1.63	2.06
2004	2.30	1.91	2.46	2.48	1.92	2.02	3.27	2.04	2.89
2005	2.56	2.19	3.08	3.09	2.12	2.24	3.40	2.21	3.21
2006	2.60	2.41	3.15	3.36	2.22	2.40	3.08	2.27	3.23
2007	2.99	2.68	3.44	4.05	2.58	2.83	3.78	2.75	3.80
2008	3.58	3.22	3.90	4.71	3.24	3.59	4.57	3.25	4.57
2009	3.25	3.03	4.04	3.99	3.26	3.46	3.56	2.77	4.37
2010	3.82	3.69	5.26	4.32	3.56	3.88	3.96	3.31	5.16
2011	4.10	3.94	5.70	4.71	4.22	4.28	4.57	3.95	5.85
2012	4.39	4.29	6.19	5.17	4.53	4.57	4.77	4.21	6.26
2013	4.70	4.47	6.77	5.75	5.05	4.86	5.06	4.53	6.81
2014	4.91	4.60	6.88	5.73	5.34	5.16	5.51	4.79	7.17
2015	4.95	4.81	7.14	5.86	5.41	5.18	5.39	4.80	7.20
2016	5.01	4.95	6.91	5.86	5.71	5.42	5.43	4.82	7.23
2017	5.10	4.81	6.71	5.07	5.20	4.76	4.90	4.60	6.71
2018	5.26	4.68	6.54	5.46	4.98	4.77	5.02	4.76	6.86
2018-2000	3.57	3.23	4.54	4.44	3.64	3.31	3.09	2.97	4.58
增长率	211.20	222.46	228.02	438.35	269.74	226.14	160.53	166.60	200.84

附表 17－2　2000～2018 年河南省土地产出率

单位：万元/公顷，%

年份	濮阳市	许昌市	漯河市	三门峡市	南阳市	商丘市	信阳市	周口市	驻马店市	济源市
2000	1.78	2.02	2.32	1.45	1.76	1.98	1.78	1.73	1.16	2.08
2001	1.94	2.14	2.56	1.36	1.90	2.15	1.42	1.81	1.20	1.93
2002	1.84	2.11	2.65	1.29	1.92	2.07	1.68	1.84	1.31	2.11
2003	1.60	2.07	2.32	1.49	2.08	1.56	1.69	1.52	1.15	1.92
2004	2.08	2.73	3.07	1.83	2.69	2.40	2.39	2.25	1.90	2.54
2005	2.32	3.06	3.47	2.04	2.94	2.82	2.65	2.48	2.06	2.87
2006	2.48	3.03	3.18	2.23	2.92	2.85	2.76	2.53	1.97	2.70
2007	2.90	3.42	3.59	2.58	3.21	3.36	3.18	2.94	2.34	3.42
2008	3.64	4.11	4.74	3.33	3.66	3.82	3.91	3.61	2.74	4.15
2009	3.32	3.97	4.13	3.24	3.46	3.82	2.80	3.69	2.47	3.08
2010	3.81	4.37	4.53	3.95	3.79	4.23	3.43	4.25	3.04	3.40
2011	4.54	5.04	4.98	4.60	3.94	4.47	3.93	4.54	3.57	3.93
2012	4.86	5.24	5.14	5.12	4.01	4.56	4.50	4.87	3.85	4.21
2013	5.25	5.46	5.65	5.63	4.27	4.85	5.00	5.21	4.15	4.67
2014	5.59	5.61	5.84	6.34	4.54	5.39	5.23	5.40	4.34	4.78
2015	5.66	5.20	5.73	6.76	4.87	5.44	5.48	5.50	4.48	4.79
2016	5.83	5.00	6.12	7.06	5.00	5.56	5.55	5.54	4.59	5.15
2017	5.40	4.43	5.77	6.78	4.88	5.26	5.20	5.21	4.26	4.18
2018	5.83	4.39	5.83	6.63	4.96	5.33	5.25	5.23	4.33	4.10
2018－2000	4.05	2.37	3.52	5.17	3.21	3.35	3.47	3.50	3.17	2.02
增长率	227.30	117.79	151.97	356.30	182.36	169.24	195.42	202.18	273.07	96.87

附表 18 - 1　2000～2018 年河南省单位面积农业产值

单位：万元/公顷，%

年份	河南省	郑州市	开封市	洛阳市	平顶山市	安阳市	鹤壁市	新乡市	焦作市
2000	1.51	1.37	1.74	1.12	1.38	1.38	1.74	1.63	2.33
2001	1.58	1.47	1.84	1.15	1.47	1.52	1.86	1.66	2.30
2002	1.68	1.54	1.88	1.50	1.51	1.57	2.05	1.71	2.38
2003	1.62	1.65	1.71	1.83	1.63	1.56	2.36	1.53	2.21
2004	2.17	2.15	2.31	2.28	2.09	2.00	3.12	1.92	2.77
2005	2.37	2.44	2.81	2.70	2.26	2.16	3.16	2.12	3.01
2006	2.53	2.62	3.07	3.09	2.43	2.32	3.33	2.22	3.08
2007	2.69	2.70	3.11	3.49	2.64	2.64	3.36	2.47	3.48
2008	3.26	3.24	3.57	4.06	3.31	3.32	4.10	2.95	4.23
2009	3.41	3.62	3.91	4.16	3.44	3.30	4.11	2.91	4.30
2010	3.93	4.34	5.04	4.67	3.75	3.70	4.49	3.45	5.07
2011	4.34	4.62	5.44	5.11	4.42	4.08	5.31	4.02	5.69
2012	4.63	5.02	5.89	5.58	4.74	4.34	5.49	4.28	6.08
2013	4.98	5.23	6.41	6.11	5.27	4.59	5.79	4.58	6.59
2014	5.21	5.55	6.40	6.19	5.70	4.84	6.19	4.78	6.94
2015	5.31	5.89	6.66	6.30	5.72	4.84	6.02	4.75	6.99
2016	5.44	6.24	6.75	6.28	6.04	5.04	6.14	4.80	7.14
2017	5.29	6.20	6.49	6.47	5.67	4.62	5.91	4.44	7.36
2018	5.21	5.70	6.11	6.51	5.49	4.70	5.89	4.39	7.12
2018-2000 增长率	245.71	317.23	252.04	482.67	297.17	239.61	237.86	168.88	204.95

附表 18－2　2000～2018 年河南省单位面积农业产值

单位：万元/公顷，%

年份	濮阳市	许昌市	漯河市	三门峡市	南阳市	商丘市	信阳市	周口市	驻马店市	济源市
2000	1.69	1.85	1.73	1.53	1.56	1.62	1.47	1.45	1.09	2.30
2001	1.82	1.95	1.86	1.48	1.67	1.75	1.37	1.55	1.12	2.03
2002	1.89	2.16	1.95	1.57	1.77	1.77	1.61	1.65	1.21	2.16
2003	1.75	2.15	1.76	1.72	1.88	1.53	1.55	1.39	1.08	2.05
2004	2.26	2.76	2.34	2.09	2.39	2.05	2.09	2.02	1.77	2.62
2005	2.49	3.03	2.65	2.31	2.51	2.37	2.16	2.21	1.84	2.79
2006	2.63	3.18	2.75	2.41	2.62	2.57	2.24	2.37	2.00	3.12
2007	2.77	3.19	2.75	2.91	2.72	2.75	2.47	2.48	2.08	3.47
2008	3.34	3.90	3.70	3.82	3.19	3.26	3.16	3.08	2.46	4.22
2009	3.44	4.00	3.75	4.04	3.37	3.48	3.30	3.28	2.52	4.22
2010	3.91	4.38	4.12	4.93	3.68	3.85	4.03	3.78	3.13	4.67
2011	4.57	5.03	4.53	5.68	3.80	4.05	4.66	4.02	3.62	5.39
2012	4.87	5.19	4.67	6.21	3.89	4.12	5.31	4.30	3.89	5.72
2013	5.23	5.41	5.11	6.83	4.13	4.34	5.89	4.64	4.16	6.23
2014	5.52	5.55	5.24	8.29	4.35	4.79	6.03	4.77	4.31	6.67
2015	5.56	5.16	5.09	8.36	4.63	4.90	6.28	4.83	4.37	6.66
2016	5.84	5.07	5.59	8.81	4.74	4.98	6.51	4.91	4.44	7.27
2017	5.56	5.18	5.52	9.00	4.68	4.71	7.14	4.63	4.26	6.55
2018	5.90	4.58	5.47	8.15	4.59	4.71	7.11	4.56	4.26	6.27
2018－2000	4.21	2.74	3.74	6.62	3.03	3.08	5.64	3.12	3.17	3.97
增长率	248.31	148.27	216.65	431.88	193.98	190.22	382.99	215.40	290.84	172.68

附表 19－1　2000～2018 年河南省农药施用强度

单位：吨/万公顷，%

年份	河南省	郑州市	开封市	洛阳市	平顶山市	安阳市	鹤壁市	新乡市	焦作市
2000	72.70	63.74	74.11	47.61	40.52	80.08	81.36	80.70	100.82
2001	75.03	66.03	69.11	46.66	35.16	80.36	84.37	74.50	97.30
2002	76.35	68.39	71.41	45.58	36.24	81.82	88.69	75.08	106.01
2003	72.13	67.51	67.42	41.37	39.80	73.72	86.86	78.01	108.25
2004	73.30	75.14	69.22	44.46	47.69	75.53	86.79	79.21	110.39
2005	75.49	76.90	66.75	46.72	48.82	69.57	81.02	82.46	113.39
2006	79.74	81.38	79.53	48.34	50.19	59.69	75.49	108.66	123.60
2007	82.05	86.61	78.37	53.43	55.37	69.45	74.46	97.39	140.54
2008	82.31	85.64	77.04	56.28	62.49	69.64	80.12	111.46	129.99
2009	84.76	85.67	79.42	58.11	67.11	69.85	77.64	120.24	125.01
2010	87.22	84.57	80.67	60.32	70.48	76.37	76.39	112.80	136.57
2011	89.54	85.52	80.20	63.52	72.67	75.42	76.23	112.59	135.71
2012	89.17	87.20	77.58	63.81	75.32	78.88	76.33	105.11	131.46
2013	89.19	83.73	77.52	64.35	81.17	82.70	77.02	109.85	127.40
2014	88.18	85.64	74.70	66.10	83.10	82.54	75.66	111.93	133.39
2015	86.49	85.19	72.75	67.18	83.70	83.43	67.08	108.57	130.62
2016	85.29	83.71	72.81	66.68	77.93	83.08	70.65	120.93	115.17
2017	81.94	81.73	68.08	70.67	73.64	76.27	65.88	106.73	120.41
2018	76.92	74.56	50.34	62.20	63.48	70.93	58.70	98.14	108.98
2018－2000	4.22	10.82	-23.77	14.59	22.95	-9.15	-22.66	17.44	8.16
增长率	5.81	16.97	-32.07	30.65	56.65	-11.43	-27.86	21.61	8.09

附表 19 - 2　2000～2018 年河南省农药施用强度

单位：吨／万公顷，%

年份	濮阳市	许昌市	漯河市	三门峡市	南阳市	商丘市	信阳市	周口市	驻马店市	济源市
2000	80.01	49.11	56.03	76.79	83.35	83.16	58.36	128.57	31.02	79.18
2001	78.86	49.18	53.62	72.29	88.35	85.05	67.87	135.79	31.36	84.71
2002	81.95	51.95	49.13	74.92	94.89	87.06	60.86	138.64	32.77	79.20
2003	80.09	56.72	46.90	77.19	90.41	80.94	63.08	120.95	34.12	79.49
2004	80.81	60.37	48.00	79.16	88.04	91.56	66.23	109.60	35.66	78.76
2005	81.09	72.68	50.05	78.42	89.30	88.72	69.01	112.12	34.72	77.45
2006	80.84	76.50	49.67	76.35	91.00	93.20	66.15	112.67	36.07	80.38
2007	90.85	86.37	66.88	83.47	97.98	102.18	71.09	114.29	37.06	97.52
2008	89.97	91.63	61.16	91.14	101.21	103.76	67.77	117.22	37.58	90.75
2009	89.05	88.30	61.82	99.89	103.22	113.09	67.81	109.76	36.40	86.08
2010	89.83	90.06	66.12	104.89	103.30	124.43	70.11	111.26	37.49	89.42
2011	90.24	92.64	67.13	107.15	102.40	137.13	77.25	112.41	37.84	90.99
2012	88.85	82.02	67.27	109.78	105.54	137.56	80.07	109.33	37.70	90.81
2013	87.47	69.77	67.42	117.18	105.60	141.76	81.07	111.85	37.51	85.48
2014	86.42	66.90	66.46	128.27	102.77	144.03	78.86	107.76	38.32	90.71
2015	81.26	66.55	67.77	121.03	99.80	144.51	81.95	106.38	38.49	102.37
2016	78.03	62.53	69.19	123.58	96.65	146.04	81.39	104.53	38.69	104.07
2017	68.88	68.38	67.65	129.85	84.35	134.79	90.66	97.67	37.73	108.19
2018	65.48	56.08	61.29	106.86	76.23	101.36	98.98	96.13	43.47	98.25
2018 - 2000	-14.53	6.96	5.26	30.07	-7.12	18.19	40.62	-32.44	12.45	19.07
增长率	-18.17	14.18	9.38	39.15	-8.54	21.88	69.59	-25.23	40.12	24.08

附表 20 - 1   2000～2018 年河南省化肥施用强度

单位：吨/万公顷，%

年份	河南省	郑州市	开封市	洛阳市	平顶山市	安阳市	鹤壁市	新乡市	焦作市
2000	3202.50	3761.77	2723.30	2757.64	4136.16	3436.25	2974.44	3661.81	4888.59
2001	3364.87	3865.30	2863.78	3117.89	4148.48	3702.98	2840.46	3728.00	5008.93
2002	3509.26	3938.90	2901.03	2867.54	4374.10	3833.38	2837.99	3799.66	5792.93
2003	3419.15	3977.79	2694.26	2861.23	4560.67	3666.22	2999.12	4025.91	5563.08
2004	3572.15	4176.50	2815.42	2846.56	5116.63	3784.52	3155.95	4229.52	5485.43
2005	3721.57	4169.81	2897.60	2757.53	5015.50	3846.11	3040.43	5184.45	5361.23
2006	3861.49	4292.42	3203.68	2880.62	5207.43	4437.73	2973.90	5359.63	5431.47
2007	3961.22	4470.48	3156.91	3082.17	5647.20	4603.86	3058.69	5716.78	6003.61
2008	4157.10	4402.19	3346.72	3158.00	5961.18	5196.08	3194.18	5941.34	6181.23
2009	4389.52	4420.53	3412.76	3209.87	6020.74	5265.04	3641.82	6070.79	5945.45
2010	4574.82	4457.30	3604.04	3392.66	6422.78	5669.83	3904.37	6239.61	5770.49
2011	4687.22	4629.26	3649.00	3465.42	6473.09	5799.17	3968.09	6291.04	5750.06
2012	4757.32	4740.09	3695.21	3440.35	6513.16	5839.45	4002.74	6414.58	5600.45
2013	4774.07	4653.81	3791.54	3390.45	6766.61	6042.42	4167.13	6512.20	5696.13
2014	4790.74	4793.04	3765.29	3353.60	7170.86	6323.52	4040.81	6520.53	5706.71
2015	4812.52	4697.58	3828.31	3378.50	7127.96	6350.90	4125.17	6701.91	6087.93
2016	4797.98	4806.67	3921.38	3532.22	7081.45	6072.91	4185.62	6872.57	5689.16
2017	4796.87	4895.42	3830.55	3712.23	6843.04	5821.26	4166.35	6451.37	5816.23
2018	4690.82	4647.26	3666.78	3541.68	6498.18	5804.57	3700.14	6117.71	5644.34
2018 - 2000	1488.32	885.49	943.48	784.04	2362.02	2368.32	725.70	2455.90	755.76
增长率	46.47	23.54	34.64	28.43	57.11	68.92	24.40	67.07	15.46

附表 20-2 2000~2018 年河南省化肥施用强度

单位：吨/万公顷，%

年份	濮阳市	许昌市	漯河市	三门峡市	南阳市	商丘市	信阳市	周口市	驻马店市	济源市
2000	4172.11	3116.44	2658.02	3419.89	3127.58	2830.76	2640.20	3317.95	3305.82	3772.24
2001	4117.88	3163.76	2814.86	3345.51	3200.73	2861.39	2949.09	3583.26	3355.33	3812.07
2002	4557.44	3340.91	2836.24	3248.09	3423.69	3316.59	2973.81	3747.29	3530.83	3694.76
2003	4544.45	3375.03	2871.19	3223.16	3551.77	2969.86	2983.17	3548.91	3513.54	3872.89
2004	4684.06	3393.32	3089.63	3365.78	3681.66	3071.11	3022.43	3786.64	3751.44	3761.59
2005	4919.58	3370.15	3588.56	3335.82	3714.31	3246.32	2924.74	3812.15	3712.88	3677.32
2006	4718.36	3403.99	3492.70	3353.82	3782.75	3373.38	2786.12	3769.72	3716.92	3793.34
2007	5178.93	3371.12	3672.14	3683.29	4016.56	3554.85	3289.65	3894.57	3867.18	4072.92
2008	5267.37	4945.26	3714.37	3655.55	4101.73	4157.46	3480.91	4056.94	4027.34	3659.51
2009	5252.16	5119.17	4215.69	3729.62	4126.70	4801.62	3678.31	4193.87	4098.74	3877.38
2010	5243.56	5178.98	4621.04	3774.00	4304.90	5086.61	3854.23	4363.94	4242.59	4072.03
2011	5246.99	5342.99	4554.99	3916.09	4526.14	5321.90	4216.84	4264.10	4268.21	4126.83
2012	5266.74	5108.87	4552.25	3915.79	4679.24	5539.55	4309.47	4286.24	4336.41	4246.52
2013	5496.77	4900.28	4697.13	3934.50	4669.74	5671.71	4416.64	4375.14	4336.69	4152.45
2014	5471.44	4844.90	4705.67	4243.29	4632.55	5774.60	4145.91	4616.50	4393.03	4420.90
2015	5430.32	4836.04	4589.16	4033.27	4828.93	5965.06	4254.58	4592.10	4394.65	4549.19
2016	5387.17	5086.03	4798.45	4015.69	4737.69	6021.89	4128.88	4747.52	4369.12	4576.17
2017	5258.02	4864.83	4922.63	4178.39	4376.39	6495.45	4582.92	4498.69	4270.71	4895.45
2018	5795.74	3910.70	4764.88	3491.27	4012.71	5889.85	3895.80	4704.36	4205.42	4828.46
2018-2000	1623.63	794.26	2106.86	71.38	885.13	3059.09	1255.60	1386.41	899.59	1056.22
增长率	38.92	25.49	79.26	2.09	28.30	108.07	47.56	41.79	27.21	28.00

附表 21-1 2000~2018 年河南省农用塑料薄膜使用强度

单位：吨/万公顷，%

年份	河南省	郑州市	开封市	洛阳市	平顶山市	安阳市	鹤壁市	新乡市	焦作市
2000	69.96	48.01	58.45	20.04	15.91	17.25	6.60	11.63	16.85
2001	71.68	53.64	73.06	20.54	17.09	18.17	7.12	9.52	14.14
2002	73.80	58.49	70.78	20.04	15.81	19.22	7.71	10.62	13.43
2003	72.20	53.81	74.85	21.10	15.77	16.52	8.50	10.85	26.19
2004	73.59	59.79	78.53	25.74	24.09	16.35	8.15	10.92	18.11
2005	77.86	58.50	85.80	25.29	21.33	18.54	7.70	11.00	16.19
2006	84.60	65.78	106.35	26.20	24.80	16.94	7.99	11.92	21.29
2007	88.03	68.82	104.80	29.80	28.12	20.27	7.94	12.13	22.20
2008	90.33	71.00	90.86	32.90	27.41	26.12	7.85	15.16	22.34
2009	98.73	70.54	94.01	33.55	34.10	28.15	7.59	15.97	23.95
2010	102.65	162.67	124.01	68.25	75.23	234.64	45.75	55.58	50.04
2011	105.47	152.47	129.58	71.17	78.44	252.21	46.09	50.05	52.44
2012	107.85	153.76	128.55	70.55	80.38	264.14	45.83	51.95	56.06
2013	115.04	158.59	130.67	66.86	75.09	351.89	47.05	51.11	60.10
2014	110.99	168.03	127.50	70.88	69.90	278.63	52.91	45.94	70.28
2015	108.87	169.81	129.30	69.99	69.68	275.80	58.14	44.62	68.64
2016	109.44	166.74	129.13	76.75	66.55	273.75	75.19	47.40	62.88
2017	106.77	163.68	131.41	81.15	64.32	231.76	62.09	38.41	68.28
2018	103.46	145.01	133.36	76.49	59.96	238.24	56.68	36.94	61.86
2018－2000	33.50	97.00	74.91	56.45	44.05	220.99	50.08	25.31	45.01
增长率	47.89	202.05	128.15	281.74	276.84	1280.96	758.40	217.61	267.02

附表 21 - 2　2000～2018 年河南省农用塑料薄膜使用强度

单位：吨/万公顷，%

年份	濮阳市	许昌市	漯河市	三门峡市	南阳市	商丘市	信阳市	周口市	驻马店市	济源市
2000	20.80	19.04	46.09	46.24	30.85	32.59	22.54	52.97	18.25	23.42
2001	21.05	19.91	45.36	45.90	34.55	33.25	27.00	55.60	18.06	15.84
2002	18.14	21.75	48.29	50.64	39.89	34.76	21.53	67.27	19.71	17.70
2003	15.49	22.52	48.53	54.81	36.62	35.58	21.50	61.28	21.22	19.41
2004	16.92	24.99	49.54	58.85	43.03	36.18	21.26	65.02	22.18	20.88
2005	17.66	25.87	45.67	62.82	53.23	34.95	22.23	61.24	22.23	20.58
2006	24.71	23.91	42.67	65.01	53.33	38.16	21.92	59.94	23.68	18.56
2007	26.77	25.00	41.57	71.29	63.23	40.37	24.47	56.31	25.96	21.81
2008	27.59	24.28	43.09	76.46	76.58	42.68	28.92	51.93	27.37	19.90
2009	27.44	25.78	49.36	82.04	77.27	43.63	51.00	55.67	27.77	18.53
2010	102.43	62.55	95.13	127.98	141.88	86.84	97.26	109.02	66.74	71.16
2011	122.18	63.96	95.58	135.13	145.19	84.74	98.80	112.46	68.44	82.99
2012	119.97	62.84	97.91	139.56	148.15	88.82	107.50	109.82	69.74	90.99
2013	123.22	82.48	104.55	145.37	159.77	92.96	109.83	111.66	70.02	157.47
2014	156.82	56.40	107.16	153.40	159.85	91.19	107.83	113.07	73.59	100.33
2015	156.61	54.87	96.92	145.55	152.93	88.79	111.40	112.84	74.76	124.30
2016	140.75	58.95	87.70	151.79	154.85	96.97	112.53	114.55	75.06	132.25
2017	149.41	64.11	86.58	147.85	146.45	88.58	126.10	110.37	74.28	144.79
2018	140.66	55.77	77.52	128.12	131.39	91.85	115.26	103.02	69.14	111.31
2018－2000	119.86	36.73	31.43	81.89	100.54	59.26	92.72	50.05	50.88	87.89
增长率	576.17	192.95	68.19	177.09	325.95	181.84	411.41	94.48	278.75	375.33

附表 22 - 1 2000～2018 年河南省人均耕地面积

单位：亩，%

年份	河南省	郑州市	开封市	洛阳市	平顶山市	安阳市	鹤壁市	新乡市	焦作市
2000	1.09	0.70	1.18	0.93	0.95	1.05	1.07	1.05	0.79
2001	1.08	0.69	1.17	0.91	0.94	1.06	1.05	1.04	0.79
2002	1.13	0.78	1.27	0.88	0.97	1.14	1.05	1.09	0.82
2003	1.12	0.77	1.25	0.85	0.96	1.12	1.01	1.06	0.85
2004	1.11	0.76	1.25	0.84	0.97	1.12	1.01	1.05	0.80
2005	1.11	0.76	1.24	0.84	0.96	1.11	1.00	1.10	0.80
2006	1.10	0.68	1.23	0.86	0.95	1.10	1.00	1.09	0.79
2007	1.09	0.67	1.23	0.82	0.94	1.10	1.00	1.08	0.79
2008	1.09	0.67	1.22	0.82	0.94	1.09	0.99	1.08	0.79
2009	1.23	0.77	1.29	0.99	0.96	1.13	1.28	1.27	0.84
2010	1.18	0.58	1.34	0.99	0.98	1.19	1.18	1.25	0.83
2011	1.17	0.68	1.23	0.95	0.91	1.08	1.16	1.20	0.80
2012	1.16	0.67	1.23	0.94	0.90	1.07	1.14	1.19	0.80
2013	1.15	0.66	1.22	0.94	0.90	1.07	1.12	1.19	0.80
2014	1.14	0.64	1.21	0.93	0.89	1.06	1.11	1.18	0.79
2015	1.13	0.62	1.20	0.92	0.88	1.05	1.10	1.17	0.79
2016	1.13	0.61	1.20	0.92	0.88	1.04	1.09	1.16	0.78
2017	1.12	0.60	1.19	0.92	0.87	1.04	1.08	1.15	0.78
2018	1.12	0.60	1.19	0.91	0.87	1.04	1.08	1.16	0.78
2018 - 2000	0.04	-0.10	0.02	-0.02	-0.08	-0.02	0.01	0.11	-0.01
增长率	3.23	-14.59	1.35	-2.07	-8.10	-1.65	1.40	10.42	-0.46

附表 22-2 2000~2018 年河南省人均耕地面积

单位：亩，%

年份	濮阳市	许昌市	漯河市	三门峡市	南阳市	商丘市	信阳市	周口市	驻马店市	济源市
2000	1.06	1.04	1.01	1.08	1.25	1.18	1.01	1.12	1.52	0.82
2001	1.05	1.03	1.01	1.06	1.27	1.17	1.00	1.12	1.53	0.78
2002	1.14	1.10	1.00	1.17	1.35	1.24	1.13	1.18	1.51	0.81
2003	1.14	1.09	0.99	1.08	1.32	1.23	1.10	1.17	1.50	0.80
2004	1.13	1.09	0.99	1.07	1.32	1.23	1.09	1.16	1.49	0.79
2005	1.13	1.08	0.99	1.10	1.31	1.22	1.08	1.16	1.49	0.78
2006	1.03	1.08	0.98	1.10	1.31	1.22	1.08	1.15	1.48	0.78
2007	1.03	1.08	0.97	1.10	1.30	1.21	1.07	1.15	1.47	0.77
2008	1.03	1.07	0.97	1.11	1.29	1.21	1.06	1.14	1.46	0.77
2009	1.16	1.13	1.11	1.19	1.45	1.28	1.56	1.19	1.68	1.04
2010	1.18	1.20	1.12	1.19	1.54	1.45	2.06	1.44	1.98	1.04
2011	1.11	1.07	1.05	1.17	1.36	1.19	1.48	1.15	1.61	1.03
2012	1.10	1.05	1.04	1.17	1.36	1.19	1.47	1.14	1.60	1.02
2013	1.10	1.05	1.03	1.17	1.35	1.18	1.46	1.14	1.59	1.00
2014	1.09	1.04	1.03	1.16	1.34	1.17	1.46	1.13	1.58	1.00
2015	1.08	1.03	1.02	1.15	1.33	1.16	1.45	1.12	1.57	0.98
2016	1.08	1.02	1.01	1.15	1.33	1.16	1.44	1.12	1.56	0.98
2017	1.06	1.02	1.01	1.14	1.32	1.15	1.43	1.11	1.55	0.97
2018	1.06	1.02	1.00	1.17	1.32	1.16	1.44	1.11	1.55	0.97
2018 - 2000	0.00	-0.02	-0.01	0.08	0.07	-0.02	0.43	-0.01	0.04	0.15
增长率	-0.27	-2.25	-0.92	7.72	5.73	-1.42	42.00	-0.77	2.31	18.19

附表 23－1　2000～2018 年河南省单位水耗农业产值

单位：元/米³，%

年份	河南省	郑州市	开封市	洛阳市	平顶山市	安阳市	鹤壁市	新乡市	焦作市
2000	9.42	9.17	11.58	10.80	18.54	9.67	7.93	6.79	8.91
2001	8.34	9.69	11.58	10.77	13.28	8.84	7.73	6.09	9.30
2002	8.34	9.37	11.75	15.90	18.45	7.91	7.19	6.09	9.95
2003	10.04	11.89	15.03	26.66	21.15	8.67	11.21	6.84	10.29
2004	12.87	17.15	19.30	27.80	22.99	10.92	17.42	9.33	11.78
2005	15.62	17.90	20.88	35.94	27.94	12.62	15.80	13.51	13.15
2006	14.35	20.50	22.23	42.63	24.68	11.98	16.12	11.54	10.70
2007	18.73	21.71	25.46	54.81	29.25	13.35	14.19	16.39	14.40
2008	19.09	26.76	19.57	59.77	39.87	21.54	19.79	19.90	17.06
2009	20.36	30.80	19.69	68.52	44.80	23.73	19.93	18.12	17.01
2010	27.90	41.09	38.72	76.15	55.85	29.91	26.05	22.74	22.68
2011	28.52	58.08	42.57	86.26	71.77	36.92	36.30	27.20	28.47
2012	29.97	62.78	47.94	89.42	82.38	34.57	36.86	27.34	28.96
2013	30.39	58.86	45.94	89.00	108.03	29.04	34.14	26.45	29.24
2014	39.04	55.77	56.44	88.32	115.04	37.46	36.70	34.74	35.35
2015	37.50	56.22	59.61	96.00	113.52	40.04	36.27	32.13	29.00
2016	35.50	51.87	60.48	89.04	94.98	48.71	36.00	32.13	29.52
2017	37.06	53.71	58.68	83.80	101.05	40.38	40.38	26.06	28.91
2018	41.47	57.02	52.77	90.48	109.10	37.75	43.40	30.15	31.11
2018－2000	32.05	47.84	41.18	79.68	90.56	28.08	35.47	23.36	22.20
增长率	340.21	521.51	355.58	737.52	488.49	290.44	447.40	344.30	249.01

附表 23 - 2　2000～2018 年河南省单位水耗农业产值

单位：元/米³，%

年份	濮阳市	许昌市	漯河市	三门峡市	南阳市	商丘市	信阳市	周口市	驻马店市	济源市
2000	8.63	25.76	17.49	21.70	22.77	20.80	12.94	24.54	30.25	12.40
2001	8.76	24.41	19.64	21.81	19.45	20.37	8.10	18.68	20.91	8.28
2002	8.27	26.15	31.58	20.96	32.26	21.05	18.89	21.43	30.05	7.85
2003	8.67	34.18	61.45	31.71	41.56	28.84	18.81	40.91	38.99	11.17
2004	12.90	41.19	42.23	31.83	42.02	41.95	18.91	39.25	46.36	10.21
2005	11.80	41.62	67.13	40.95	66.71	51.09	35.54	46.64	54.41	10.81
2006	10.99	52.03	70.29	44.36	42.79	37.44	21.61	39.62	58.53	13.31
2007	13.28	73.91	78.71	55.62	49.84	67.02	43.38	39.59	60.41	16.06
2008	16.78	107.58	83.45	66.02	47.80	47.59	33.92	41.14	58.50	19.10
2009	16.08	94.57	85.63	72.80	45.81	48.94	36.86	41.17	60.89	17.56
2010	19.24	108.25	104.30	83.16	65.27	57.30	42.49	47.53	64.71	17.02
2011	21.58	112.87	119.52	90.37	61.02	59.28	46.96	54.32	60.24	29.49
2012	23.40	105.87	95.67	105.47	58.40	55.98	54.55	54.44	63.30	21.99
2013	22.41	120.46	95.76	120.78	58.94	52.66	61.20	61.58	104.06	22.18
2014	33.40	125.62	110.67	123.87	66.95	82.55	85.32	80.67	146.83	35.38
2015	28.86	93.38	121.57	165.96	76.00	75.07	79.30	74.05	111.22	28.91
2016	30.09	72.01	124.47	138.73	68.93	65.81	76.29	65.16	126.14	43.26
2017	29.61	74.93	133.01	144.07	68.81	72.31	79.55	73.90	162.06	28.72
2018	38.41	85.44	97.55	152.28	69.09	76.84	80.93	73.48	145.04	28.26
2018－2000	29.78	59.68	80.06	130.58	46.32	56.04	67.99	48.94	114.79	15.87
增长率	345.14	231.69	457.85	601.69	203.45	269.43	525.61	199.42	379.46	128.00

附表 24 – 1　2000～2018 年河南省农业 R&D 经费

单位：亿元，%

年份	河南省	郑州市	开封市	洛阳市	平顶山市	安阳市	鹤壁市	新乡市	焦作市
2000	6.46	0.84	0.06	0.78	0.18	0.31	0.05	0.76	0.20
2001	8.44	0.79	0.60	0.66	0.47	0.43	0.09	1.04	0.55
2002	8.64	0.78	0.60	0.81	0.47	0.42	0.09	1.00	0.53
2003	8.64	0.78	0.63	0.90	0.51	0.43	0.10	0.91	0.47
2004	10.97	0.97	0.83	1.07	0.63	0.53	0.13	1.13	0.57
2005	17.17	1.52	1.46	1.82	0.95	0.80	0.18	1.74	0.85
2006	17.22	1.47	0.27	2.11	1.32	0.81	0.35	1.87	1.10
2007	19.27	1.58	0.69	2.46	1.46	0.79	0.10	2.07	1.31
2008	48.70	3.68	2.35	5.37	4.19	4.69	0.68	4.92	2.48
2009	34.48	2.74	2.07	5.17	2.29	1.31	0.40	4.49	1.66
2010	39.66	3.13	3.16	5.23	2.36	1.52	0.41	4.36	1.74
2011	47.17	3.62	4.34	5.33	2.77	2.58	0.45	5.22	2.15
2012	55.27	3.87	5.45	6.57	3.37	2.75	0.26	6.65	2.38
2013	62.13	4.16	6.26	6.95	4.17	3.32	0.30	7.26	2.93
2014	67.94	4.28	6.77	7.07	4.74	3.67	0.53	7.71	3.32
2015	73.51	4.52	9.09	7.82	4.55	3.26	0.54	7.88	3.58
2016	73.15	5.09	6.03	7.84	4.77	3.47	0.59	7.73	3.78
2017	76.30	4.68	5.83	8.46	4.97	3.04	0.66	7.77	4.32
2018	83.58	4.56	5.98	9.66	4.85	3.55	0.87	7.89	4.88
2018	77.12	3.72	5.92	8.88	4.67	3.24	0.82	7.13	4.68
2018–2000 增长率	1194.44	444.47	9513.67	1135.20	2602.26	1062.58	1538.22	943.94	2323.39

附表 24 - 2 2000 ~ 2018 年河南省农业 R&D 经费

单位：亿元，%

年份	濮阳市	许昌市	漯河市	三门峡市	南阳市	商丘市	信阳市	周口市	驻马店市	济源市
2000	0.22	0.63	0.27	0.06	1.02	0.35	0.33	0.26	0.11	0.03
2001	0.30	0.85	0.23	0.11	0.90	0.50	0.20	0.32	0.28	0.11
2002	0.30	0.86	0.23	0.12	0.95	0.52	0.24	0.33	0.29	0.11
2003	0.28	0.85	0.21	0.12	0.99	0.52	0.24	0.33	0.28	0.09
2004	0.37	1.07	0.27	0.15	1.28	0.65	0.33	0.44	0.44	0.12
2005	0.55	1.68	0.44	0.24	1.88	1.02	0.48	0.68	0.67	0.19
2006	0.54	1.45	1.32	0.16	2.25	1.15	0.11	0.67	0.09	0.17
2007	0.56	1.60	1.03	0.17	2.70	0.33	0.14	1.00	0.98	0.30
2008	1.13	3.18	1.52	0.54	5.97	2.50	0.56	1.90	2.32	0.71
2009	1.06	2.09	0.93	0.47	3.82	1.79	0.67	1.30	1.88	0.33
2010	1.52	3.30	0.89	0.66	4.72	1.84	0.51	1.82	2.11	0.37
2011	1.74	4.07	1.11	0.65	5.07	2.24	1.41	2.14	1.79	0.49
2012	1.94	5.11	1.08	0.80	6.02	2.91	1.64	1.96	1.97	0.55
2013	2.29	5.16	1.12	0.96	6.68	3.10	2.20	2.27	2.33	0.66
2014	2.44	5.49	1.27	1.19	7.64	3.62	2.47	2.44	2.64	0.65
2015	2.67	5.22	1.48	1.27	8.45	3.72	2.74	3.02	3.02	0.67
2016	2.77	5.24	1.70	1.38	8.69	4.00	2.90	3.16	3.23	0.75
2017	2.91	5.02	1.90	1.68	9.22	4.73	3.15	3.65	3.63	0.68
2018	2.59	5.51	2.12	2.29	8.72	6.26	5.77	3.82	3.60	0.66
2018 - 2000	2.38	4.88	1.84	2.23	7.69	5.91	5.45	3.56	3.49	0.63
增长率	1094.94	774.63	674.51	3853.99	751.61	1687.54	1670.90	1369.91	3206.85	1854.15

附表 25 - 1　2000~2018 年河南省农业 R&D 科技人员数

单位：人年，%

年份	河南省	郑州市	开封市	洛阳市	平顶山市	安阳市	鹤壁市	新乡市	焦作市
2000	8664	938	609	743	569	539	107	1077	659
2001	8697	939	622	720	596	560	107	1098	647
2002	8354	1006	682	964	648	601	121	1157	679
2003	6750	870	620	931	608	524	115	907	518
2004	7146	836	628	848	575	502	111	871	482
2005	8578	1314	1105	1445	873	755	161	1341	723
2006	9513	1130	291	1208	1034	735	469	923	537
2007	9711	1123	469	1393	1077	588	90	1160	443
2008	10323	1193	468	1612	1169	539	106	1018	508
2009	13417	1584	1245	2008	1160	697	298	2036	821
2010	15384	820	1015	1202	1087	712	243	1206	846
2011	15560	1476	1492	2092	1212	1319	185	1955	897
2012	16850	1450	1735	2444	1309	1343	154	2349	1064
2013	19500	1618	2052	2782	1894	1719	130	2621	1185
2014	20276	1699	2093	2670	1753	1796	150	2719	1353
2015	19292	1615	3402	2729	1622	1310	151	2511	1468
2016	19196	1757	1864	2639	1747	1294	148	2536	1458
2017	16606	1364	1554	2145	1415	982	132	1869	1151
2018	17264	1196	1316	2333	1235	901	237	1964	1141
2018－2000	8600	258	707	1590	666	362	130	887	482
增长率	99.26	27.49	116.09	214.00	117.01	67.12	121.28	82.28	73.07

附表 25 - 2　2000~2018 年河南省农业 R&D 科技人员数

单位：人年，%

年份	濮阳市	许昌市	漯河市	三门峡市	南阳市	商丘市	信阳市	周口市	驻马店市	济源市
2000	447	813	290	151	1354	584	240	477	340	108
2001	473	815	301	139	1404	602	209	493	341	85
2002	521	892	328	155	1597	669	263	548	391	87
2003	421	770	264	143	1458	581	232	472	330	66
2004	425	744	263	134	1436	558	242	495	395	64
2005	640	1169	426	218	2119	881	359	757	594	100
2006	636	836	402	80	2307	830	187	753	140	77
2007	480	831	346	63	2142	283	147	510	620	72
2008	643	1150	493	88	2215	235	193	664	639	96
2009	1045	1101	623	280	2751	646	446	854	873	155
2010	735	1282	600	287	2607	536	308	1225	644	148
2011	1016	1705	624	425	2806	824	875	1103	789	148
2012	1253	1687	616	352	3001	1260	676	1228	852	128
2013	1350	1774	657	549	3757	1416	770	1588	1018	159
2014	1511	1706	624	419	3892	1739	845	1278	1167	151
2015	1045	1295	560	555	3938	1329	935	1423	1166	147
2016	952	1216	550	589	4110	1722	729	1190	1266	135
2017	889	1205	540	359	2803	1677	684	1154	1196	80
2018	671	850	544	502	2500	1558	1098	1240	864	122
2018－2000	224	37	254	351	1146	974	858	763	524	14
增长率	50.26	4.50	87.41	232.75	84.58	166.93	357.96	159.80	154.02	13.16

附表 26－1 2000～2018 年河南省农业科技研究机构数

单位：个，%

年份	河南省	郑州市	开封市	洛阳市	平顶山市	安阳市	鹤壁市	新乡市	焦作市
2000	1330	402	56	95	43	46	21	117	94
2001	1123	339	47	80	36	39	18	99	80
2002	1151	348	48	82	37	40	18	101	82
2003	1172	354	49	84	38	40	19	103	83
2004	1424	430	60	102	46	49	23	125	101
2005	1499	453	63	107	48	52	24	132	106
2006	1432	399	50	108	39	66	14	117	97
2007	1531	445	49	96	38	74	24	141	104
2008	1727	483	55	112	45	74	34	155	119
2009	1822	550	77	130	59	63	29	160	129
2010	1798	555	68	101	53	85	22	185	127
2011	1817	583	83	99	61	83	30	157	138
2012	1870	555	85	98	66	70	38	190	134
2013	2064	605	104	111	74	73	35	220	149
2014	2203	641	117	125	80	67	32	205	164
2015	2543	728	112	143	82	79	47	216	197
2016	2953	888	138	236	87	75	56	235	216
2017	3327	1092	126	305	112	83	43	250	212
2018	2781	896	109	328	103	70	39	217	189
2018－2000	1450	494	53	233	60	24	18	100	95
增长率	109.10	122.89	94.64	245.26	139.53	52.17	85.71	85.47	101.06

附表 26 - 2　2000 ~ 2018 年河南省农业科技研究机构数

单位：个，%

年份	濮阳市	许昌市	漯河市	三门峡市	南阳市	商丘市	信阳市	周口市	驻马店市	济源市
2000	48	58	41	27	83	49	37	36	59	18
2001	41	49	34	23	70	42	31	30	50	15
2002	42	50	35	24	72	43	32	31	51	15
2003	43	51	36	24	73	44	32	31	52	16
2004	52	62	44	29	89	53	39	38	63	19
2005	54	65	46	31	94	56	41	40	67	20
2006	63	53	42	39	157	39	50	31	47	21
2007	52	71	41	37	126	33	49	34	90	27
2008	51	87	55	44	131	40	49	31	141	21
2009	66	79	56	38	114	68	50	49	81	24
2010	60	96	62	34	87	53	42	54	93	21
2011	60	99	58	38	94	61	35	56	62	20
2012	63	98	61	33	105	75	36	59	79	25
2013	72	90	63	49	124	83	51	58	78	25
2014	94	106	68	53	136	84	54	60	92	25
2015	110	100	86	56	153	110	95	72	121	36
2016	128	123	92	55	169	129	79	75	130	42
2017	125	116	117	58	180	151	81	93	143	40
2018	69	94	53	42	166	108	98	72	85	43
2018 - 2000	21	36	12	15	83	59	61	36	26	25
增长率	43.75	62.07	29.27	55.56	100.00	120.41	164.86	100.00	44.07	138.89

图书在版编目（CIP）数据

黄河流域农业高质量发展评价：以河南省为例／赵
素霞等著. -- 北京：社会科学文献出版社，2021.10
ISBN 978 - 7 - 5201 - 9215 - 6

Ⅰ.①黄…　Ⅱ.①赵…　Ⅲ.①黄河流域 - 农业发展 -
研究 - 河南　Ⅳ.①F327.61

中国版本图书馆 CIP 数据核字（2021）第 207444 号

黄河流域农业高质量发展评价
——以河南省为例

著　　者／赵素霞　牛海鹏　樊良新　乔旭宁　傅建春

出 版 人／王利民
组稿编辑／恽　薇
责任编辑／颜林柯
文稿编辑／王红平
责任印制／王京美

出　　版／社会科学文献出版社·经济与管理分社（010）59367226
　　　　　地址：北京市北三环中路甲 29 号院华龙大厦　邮编：100029
　　　　　网址：www. ssap. com. cn
发　　行／市场营销中心（010）59367081　59367083
印　　装／三河市尚艺印装有限公司

规　　格／开本：787mm×1092mm　1/16
　　　　　印张：12.25　字数：200 千字
版　　次／2021 年 10 月第 1 版　2021 年 10 月第 1 次印刷
书　　号／ISBN 978 - 7 - 5201 - 9215 - 6
定　　价／89.00 元